森と算盤《そろばん》

地球と資本主義の未来地図

渋沢寿一
Juichi Shibusawa

大和書房

はじめに

本書は、これまでの私たちの自然との生き方を捉え直し、これからの資本主義社会を生きるヒントを探るための本です。

「森と算盤」というタイトルは、曾祖父である渋沢栄一の記した『論語と算盤』という本から採っています。栄一は経済とともに倫理の必要性を説きました。栄一が没して１００年近くが経ち、私たち人類は、有限な地球の上で新たな経済と生き方を見直すことが必要とされています。この本はそんな思いから生まれました。

渋沢栄一は、日本近代経済の父と称され、91年の生涯の中で約５００の企業、約６００の社会公共事業の設立に関わるなど、数々の功績を残しました。

私は栄一の三男・正雄の孫として、戦後に生まれました。もちろん、栄一に直接会ったことはありません。生まれたときには、栄一が他界してすでに20年が経っていました。父から栄一の話を伝え聞くこともほとんどなく、栄一が関わった事業を引き継いでいるわけでもないので、彼に関する知識はみなさんとそう変わらないかもしれません。私の中では、栄一は歴史上の人物の一人ですが、「渋沢」という名前は生まれたときから私に付いて回ります。嫌でもそれなりに振る舞うことを求められ、意識し、いつしか彼の思考に思いを寄せる習慣が身に付いたかもしれません。

私自身は、ＪＩＣＡ（独立行政法人国際協力機構）やＮＰＯとして農業や森林利用分野で活動し、またベトナムやエクアドルでの植林や、長崎でハウステンボスの経営に携わってきました。現在は、マタギ、炭焼き、樵、漁師、海女など自然の中で生きてきた「名手・名人」の知恵を高校生たちが聞き書きする「聞き書き甲子園」を主催したり、行政・企業・ＮＰＯ共催の「なりわい塾」という地域人材の育成プログラムの塾長をするなど、過疎地に定住する若い世代の育成に携わっています。また、「里山資本主義」で有名になった岡山県の真庭市をはじめ、全国各地で森林の多面的な利用を通して、山村地域の活性化や、地域・森林再生に関わり、日本の自然をどう生かし、人と森がどう共生しながら、次の世代につなげていけるかに力を尽くしています。

一見すると、渋沢栄一とは何の関係もないような仕事です。ただ、自然を次世代につなげていくという活動は、栄一が理想とした社会を実現することにもつながるものだと思っています。

どういうことでしょうか。

渋沢栄一については、ご存じの方も多いと思います。

日本が大転換を迎えた江戸末期から昭和初期の時代に、理想の未来を思い描き、その実現に向けて努力した人物でした。先ほど書いたように生涯に約５００の企業、約６００の社会公共事業の設立に関わりましたが、彼が実業家として主に活動したのは36年間ほど。単純計算をするならば、その期間では1年につき約30もの企業もしくは公共事業を設立したことになります。

これは、栄一本人がすべてのビジネスモデルを考え、経営の主導権を握ろうとしたならば到底実現できない数字でしょう。栄一は企業・公共事業の設立に関わりながら、経営は信頼できる人物に任せていきました。栄一は自己の利益ではなく、「公益」の具現化を追求した人です。

渋沢栄一は農民の出身で、実家は埼玉深谷地域の庄屋であると同時に、藍玉（藍染の染料）の製造販売を営んでいました。士農工商という封建的身分制度のあった江戸時代においては、農民は武士の言うことを聞かざるを得ません。栄一は10代のうちから、そんな社会の仕組みに反感を抱き、誰もが平等な新しい社会の構築を目指すようになりました。

彼は若い頃から、将来の社会のあるべき姿を自問自答し、そのときそのときの立場で試行錯誤してきた人物だと思います。若き日の栄一は、江戸幕府の使節団として渡ったフランスで、銀行という金融システムと、民間から集めた資金によって運営される事業（スエズ運河株式会社）を目の当たりにします。栄一にとって、信用によって集められたお金を、責任を持って運用し、市民に還すという資本主義はまさに、身分の違いなく市民の声を反映させながら社会をより良くする、平等なシステムに映りました（栄一は資本主義ではなく「合本主義」という言葉を用いていますが、これについては後述します）。帰国した栄一は、やがて数々の事業の設立に携わり、その過程で日本に資本主義というシステムを定着させていきます。しかし、日本に資本主義が浸透する中で、富の局在化という弊害も見えてきました。三菱、三井、住友など財閥が台頭し、経済界では理想の社会を実現することよりも、利益の獲得が大きな命題となっていったのです。

こうした姿を目にした栄一は70歳を過ぎ、経済がやがて自己の利益のみを求めて暴走してしまうことを危惧して、そこにタガを締めるような考え方を提唱します。

それが『論語と算盤』です。幼い頃から慣れ親しんできた『論語』に書かれた思いやりや道徳観が、金儲けに走る人々を留め、自己の利益ではなく、公益を実現させるための道筋を与えてくれるのではないかと考えたのです。

しかし今、栄一が危惧していたことは現実となるどころか、さらにその先の段階へと進んでしまっています。

現在の日本と世界の状況を見てみると、１９９０年以降のグローバル経済の進展で、実体経済の70～１００倍（コロナ禍で１０００倍になったとする経済学者もいます）のバーチャルなマネーが広がり、実体経済と乖離するようになりました。

その多くをＧＡＦＡに代表される、特定の企業や個人が所有しています。わずか１％の富裕層が、世界の富の50％以上を独占しているとも言われます。効率性を優先する資本主義のシステムが、ＡＩやＩｏＴといった人工知能と合体することで、この富の偏在は、さらに進むことになります。お金という側面から世界を見れば、人間の世界はすでに平等性と永続性を失っていると言えるでしょう。

そして、渋沢栄一も予期していなかった新たな課題が現れました。

環境問題です。

人間は、自身の欲する社会を実現するため経済を優先して大規模な自然破壊を行い、化石燃料も掘りつくそうとしています。そこからどのような問題が生じるかは、皆さんもよく知るところと思います。

２０２２年だけでも、日本では6月末から東京で9日間続けて35度を超える猛暑日を記録、アメリカでは少雨の影響で１２００年ぶりに干ばつが発生し、パキスタンでは大雨の影響で１７３０人以上が死亡したと報道されました。日本のみならず世界規模で気候変動が起きており、環境問題は知識ではなく、身体で理解する段階に来ています。

そんな世界規模の環境問題に対して、２０１５年には国連サミットで持続可能な開発目標（ＳＤＧｓ：Sustainable Development Goals）が採択されました。

ＳＤＧｓでは、２０３０年が一つの分岐点とされています。現状のまま２０３０年を迎えたならば、不可逆的でさらに深刻な環境問題に陥ると予想されているからです。そのリミットまで、残り約5年。まさに環境への取り組みは喫緊の課題なのです。

資本主義経済が行きついた先に出現した環境問題、それを解決するために残された時間はわずか。将棋に喩えるなら限りなく「詰んだ」状態に近いのが今日です。

少しだけ、私自身の話をさせてください。

私は１９５２年、東京・世田谷に生まれました。当時の世田谷は一面の畑で、家の中にキジやイタチが出没するような自然豊かな環境でした。そのためか、私は小学生の頃から自然に関心を抱くようになりました。高校に進学したのは学園紛争の盛んな時期です。紛争によって授業が休みになると、私は栃木県の知り合いの農家に寝泊まりさせてもらいながら自給自足の生活に触れました。そこでの体験から地に足のついた暮らしに憧れて、東京農業大学・大学院で農学を学び、卒業後は、国際協力事業団の専門家としてパラグアイ国立農業試験場に赴きました。

その後は、長崎のオランダ村（現・ハウステンボス）の立ち上げに携わりました（ハウステンボスと聞くとテーマパークを想像されるかもしれませんが、当初は世界中から最先端の環境技術や工夫を集めた「まちづくり事業」としてスタートし、その一環として観光も組み込んだものでした）。40歳を過ぎてから、自分は発展途上国の現場に本当にやるべきことを忘れてきたのではないかとハウステンボスを離れ、ベトナムやミャンマー、エクアドルでのマングローブの植林活動に従事し、その後、日本の森でＮＰＯ活動を始めました。

私が日本の森に深く関わるようになったのは、この頃からです。「里山」という言葉も活動を通して知りました。里山とは人里近くにある、生活に結びついた山や森林のことです。全国各地の森に通い、そこに住む人々と関わる中で、日本ではかつて、そう遠くない過去に、里山で薪を集め、田畑の肥料を得、山菜を採取する、という生活のほぼ全てを森に依存するような暮らしが行われてきたことを、身をもって知りました。

これは当たり前すぎて、見過ごしていたことでした。我々の祖先を辿れば、少なくとも江戸時代までは、全員が自然とともに暮らし、生きてきたのです。森と関わる活動を通して、江戸の日本人の暮らしに思いを巡らせることになりました。

江戸は100パーセント、自然再生エネルギーの街でした。もちろん原発も火力発電所もありません。植物や植物性プランクトンなど、光合成を行う生き物が固定した太陽エネルギー、そして、それを食べて育った動物や魚たちも含めたものが、人間の利用できるエネルギーの全てでした。一年で蓄積された太陽エネルギーを一年で消費する、そのシステムの上に江戸期の暮らしは存在しました。

江戸を取り囲む、富士山の火山灰や風塵が堆積した関東ローム層と呼ばれる土質は、当初は痩せた不毛の大地でした。そこに都市から出た糞尿や囲炉裏の灰などが資源として投入されたことにより、黒ボクと呼ばれる肥沃な農地が形成され、その生産物が、江戸の人口を支えました。同時期のロンドンやパリでは、排せつ物が処理されないまま河川に流入し、テムズ川やセーヌ川はヘドロの川と化していた一方、隅田川では春のシロウオの踊り食いが市民の楽しみとなっていました。150年前の江戸は科学技術が未発達だったゆえに、自然共生型の社会、今日で言うところの「ゼロエミッション」の循環型社会が形成されていたわけです。

このシステムを完成させたのが「鎖国」という政策でした。外からは何も入ってこない閉じられた生態系の中で、人も動植物も生きてゆく。単に鎖国と聞くと外部との交渉が途絶えたマイナスのイメージがあるかもしれませんが、生態系という観点で見てみると、今日で言えば「宇宙船地球号」という概念に符合します。閉じられた空間だからこそ、自然の生産能力を最大に引き出す工夫を人々は積み重ねてきました。これについては本文中で具体的に触れたいと思いますが、幕府の指示でも、ＳＤＧｓのような世界的な取り決めでもなく、庶民が考え、つくり出した価値観、社会でした。何より注目すべき点は、これらは、人々が歯を食い縛って実現した社会ではなく、日々の暮らしの中で自然に実現されてきたことだという事実です。

　この江戸時代に渋沢栄一は生まれ、５００余りの企業と６００に上る福祉や教育に関する団体を産み落としました。栄一はあたかもスーパーマンであったかのごとく讃えられますが、栄一個人の力量もさることながら、彼を生んだ江戸期の日本こそが、彼の思想や行動の土台をつくったのではないかと私は考えています。そして栄一を育んだかつての私たちの暮らしや考え方にこそ、今私たちが模索している持続可能な社会、未来の世界のプロトタイプが隠れているのではないか。森と関わる活動を続ける中で、こんなことを思うに至りました。

　これは単に昔の暮らしに戻ろう、ということではありません。何世代にもわたって我々の祖先が続けてきた、自然と共存する生き方を今あらためて見つめ直すことで、これからの時代を生きるための手がかりが探れるのではないかと思うのです。

　この本は、そんな一つの試みです。


　本書は全6章で構成されています。

　第1章「渋沢栄一の『合本主義』と『資本主義』」では、まず、私のルーツである渋沢栄一がどのような社会を目指そうとしたのか、彼の考えていた「合本主義」とはどういうものなのかを、栄一の人生を辿りながら考えていきます。

　第2章「限界を迎えた現在」では、栄一が危惧した方向へ向かいつつある世界と日本の現状を、主に環境の視点から見直します。

　第3章「里山はなぜ持続可能だったか」からは、視点を日本の森に移します。何世代にもわたって受け継がれてきた日本の里山は、なぜ持続可能だったのか。そこから自然と共生する生き方とはどのようなものかを探ります。

　第4章「里山の資本主義とは何か」では、藻谷《もたに》浩介さんの著書『里山資本主義』で話題となった「里山資本主義」について改めて振り返りながら、里山という小さな生態系の中で、人間のどんな経済活動がありうるのか、みなが幸せと思える社会を、自然とともにいかに実現できるのかを考えていきます。

第5章「現代の〝百姓〟たち」では、実際に私自身が日本の各地を訪ねる中で出会った、里山で経済活動を実践する人たちを紹介します。自然と共生する資本主義を考える上での大きなヒントとなるはずです。〝百姓〟という言葉は現在では差別語とされますが、本書では百姓の本来の意味、生きることすべてを自分で賄うことができる人、百（すべて）の仕事ができる人、という意味であえて用いています。

そして終章「森と算盤」では、これからの私たちに必要な価値観、生き方とはどのようなものなのかを考えます。

冒頭で、「自然を次世代につなげていくという活動は、栄一が理想とした社会を実現することにもつながるものだ」と書きました。栄一は、社会の平等を実現させ、持続させていくために、経済に道徳というアナログなものを取り入れようとしました。ただ、彼の時代にはまだ環境問題は表面化しておらず、無尽蔵な地球環境の中で、暮らしと経済活動のバランスを取ることさえできれば、より良い社会が実現すると考えていました。

しかし、現在、自然が有限であることに気づいた私たちは、日々の暮らしと経済活動に加えて、地球環境も加えた三者のバランスを見出すことが必要なフェーズに入ったと言えるでしょう。

これまでの経済活動も続けながら、自然と共生することは可能なのか。
渋沢栄一が「論語と算盤」の両立を唱えたように、「森」＝有限な地球と、「算盤」＝経済を共存させることは可能なのか。

この壮大な問いに答えることが、本書『森と算盤』を執筆した動機です。

もちろん、その正解は一つだけでないでしょう。この本が提示するのはほんの一例ですが、私自身が30年にわたって見聞きして考えてきたこと、出会ってきた人たちの生き方です。それは、デジタルやＡＩに慣れきった視点からすると、あまりに面倒くさく、時代遅れのものに見えるかもしれません。ただ、それはもしかすると、もっとも持続可能な、つまりもっとも未来を生き抜くことができる新しい生き方かもしれないのです。

すでに日本の各地に、そんな「古いからこそ新しい」暮らし方を選んでいる人々がいます。この本を読むことで、みなさんが未来を考えるきっかけになれば、人生の選択肢になれば、そして新しい扉が開かれることになれば幸いです。

未来を生きるのは他でもない、自分自身なのです。

森と算盤――地球と資本主義の未来地図　＊　目次

第3章

里山はなぜ持続可能だったか　73

第5章 現代の〝百姓〟たち

第1章

渋沢栄一の「合本主義」と「資本主義」

渋沢栄一が説いたもの

現在、私たちは電気やガスといったインフラ、また、電車などの公共交通機関を使って暮らしています。

　現代の日本に生きる私たちにとって、身の回りにあるのが当たり前のものかもしれませんが、そんな暮らしのインフラの礎を築いたのが、「日本近代経済の父」と言われる渋沢栄一でした。日本初の電力会社・東京電燈、現在も続く東京ガスを創設、さらに全国の鉄道事業にも深く関わりました。

　資本主義社会では、インフラだけではなく、様々な商品、サービス、コンテンツが企業から提供され、私たちは対価としてお金を支払って暮らしています。その企業の多くは人々の資本を集めて成り立っています。資本がサービスの生産・流通の主体となる経済体制を資本主義と呼びますが、栄一は、そんな資本主義を日本にもたらした人物でもありました。

　渋沢栄一は、生涯で約５００の企業、約６００の社会公共事業、福祉・教育機関に関わるなど日本の発展に大きく貢献した一方で、著書『論語と算盤』では、発展する経済の中で道徳的価値観を持つことの重要性を説き、経済の行き過ぎに警鐘を鳴らしました。

栄一の後継者となった孫・渋沢敬三の言葉として、子どもの頃に父から聞いた言葉が今でも忘れられません。敬三はよくこう話していたそうです。

「じいさん（栄一）は、資本主義というとんでもないものを日本に持ち込んだ。日本は資本主義に食いつぶされるのではないか」

そんな栄一と敬三の心配は今、現実のものとなっています。栄一が期待した『論語』、つまり道徳観は、資本主義経済や人々の欲望をとめるタガとはなりませんでした。

資本主義を導入したことで日本が経済的に発展したことは確かです。栄一も資本主義と金融システムは、人々を平等にし、国を富ませるために必要なものだと信じていました。

栄一は日本に資本主義を持ち込んだとされていますが、実は、栄一自身は「資本主義」という言葉は使っていません。

彼が唱えていたのは、「合本《がっぽん》主義」でした。

資本主義と合本主義。この二つはほぼ同じ意味とされることもありますが、栄一は明確に異なるものだと考えていました。そして、私は栄一が説いた「合本主義」にこそ、現在の行きづまった資本主義社会を乗り越えていくヒントが隠されていると思っています。

合本主義を理解するために、まずは渋沢栄一の来歴と彼が目指した社会を見ていきましょう。

ちなみに、私自身は渋沢栄一についての専門家ではないため、栄一の考え方に関する解釈は筆者の個人的な見解も含まれていることをご留意いただけましたらと思います。

栄一を生んだ武蔵国血洗島

渋沢栄一は、江戸時代末期の１８４０（天保11）年、武蔵国榛沢郡血《ち》洗島《あらいじま》村（現・埼玉県深谷市血洗島）に生まれました。

農民の身分でしたが、父の代では名字帯刀を許され、養蚕や藍玉作りとその販売、雑貨屋・質屋業も行う、裕福な家だったようです。

深谷は利根川とその支流の小山川によって形成された沖積扇状地で、砂が多く水が抜けやすいために水田には向かない土壌でした。そのために、畑作を中心とした暮らしが営まれてきました。藍を育てて藍玉を作り、桑を育てて養蚕をするといった時代を経て、現在では特産品の深谷ねぎをはじめとした商品作物の産地となっています。

栄一の家から北東へ車で10分ほど行くと、利根川沿いに中瀬河岸があります。この河岸は江戸時代、武蔵国と上野国を結ぶ船着場として栄えた場所です。物資を運んだほか、船客の乗り換え場でもあったため、江戸から文化や経済の情報がいち早く伝わってきて、北武蔵の繁栄に大きな役割を担っていました。

江戸時代の税（年貢）は、米でおさめる現物納が基本でした。しかし、米を収穫しにくい地域では金納を採用しており、深谷もそうでした。血洗島では、藍を育てて得た収入を金銭で納税していたのです。中山道沿いには深谷宿もあり、人・物・金・情報の集まる地域でした。

そんな深谷で育った栄一は幼い頃から貨幣経済を目にしており、父からは漢籍と商売を教わりました。7〜8歳になると、従兄の尾高惇忠《おだかあつただ》に漢籍や歴史を学ぶようになりました。『論語と算盤』のもととなった経済感覚と儒学の教えは、子どもの頃から身についていたものでした。

そんな栄一は、若い頃から封建的な身分制度に疑問を抱いていたようです。

若き栄一の有名なエピソードがあります。16歳の頃、血洗島を所領していた岡部藩の陣屋に父の代理で赴いたところ、領主の娘の結婚資金として五百両を要求されました。当時であれば領主の言うことは絶対です。当然受け入れるだろうと思うところ、栄一は大きな金額なので代理の立場では即答できないと言い、代官に罵倒されたのです。

その帰路、栄一は「なぜ、知恵も分別もなさそうな代官に、武士であるという理由だけで学問を修めている自分が罵られなくてはいけないのか。これは幕府の政治の問題ではないか」と自問自答したそうです。栄一はこの一件を機に、階級差別は社会の仕組みの問題であると考え、いかにして平等な社会をつくれるかを考えるようになります。

幕府への憤りは、当時の尊皇攘夷思想への共鳴にもつながっていきました。若き日の栄一は倒幕を志し、一時は高崎城の乗っ取りと横浜の外国人居留地の焼き討ちまで計画します。仲間の反対によって中止となりましたが、尊皇攘夷の動きがあればたとえ田舎であっても幕府の役人が聞きつけてやってきます。栄一は従兄の喜作とともに血洗島を離れ、浪人の身となります。

なぜ日本に「資本主義」を持ち込んだのか

栄一は自伝『雨《あま》夜《よ》譚《がたり》』で、自らを蚕の変態に喩えています。

「自分の身の上は、あたかも蚕が最初卵種から孵化して四度の眠食をかさね、それから繭になって蛾になり、再び卵種になる有り様で……」（『渋沢栄一自伝　雨夜譚・青淵回顧録

（抄）』角川ソフィア文庫）

栄一の人生には、農民として生まれ、浪人時代を経て武士となり、明治になると新政府の官僚、そして民間の実業家に転身するという、幾度もの転機がありました。

その最初の転機が、一橋家用人の平岡円四郎に誘われ、一橋慶喜（のちの徳川慶喜）の家臣となったことでした。一橋家で栄一は、商品作物の奨励や藩札の発行などを通して、領内の財政の改善に努めました。一橋家の財政に関わり、金融の仕組みを学んだことで、次のステップへと進むことになります。

１８６６（慶応２）年、慶喜が徳川宗家を相続して15代将軍になったことで、栄一は幕臣となります。つい３年前には倒幕を目指していた栄一からすると青天の霹靂だったことでしょう。一橋家の財政の仕事からも離れることになるため、一時はふたたび浪人になることを覚悟するほど、栄一は悩んだようです。

そんな折、慶喜の弟・昭武《あきたけ》のフランス行きの世話係に抜擢されます。栄一は即座にそれを受け入れ、昭武を将軍の名代とするパリ万博派遣団に加わり、万博後は欧州各国を訪問するという、１年半におよぶ西洋の生活を体験することになりました。

当時のパリは、ナポレオン３世による第二帝政の最盛期です。

そこで栄一はヨーロッパの文化を存分に吸収します。髷を落とし、洋装も取り入れました。鉄道や馬車、街灯や上下水道といったインフラ技術、進んだ銀行制度に触れて刺激を受けます。実際に政府公債や鉄道社債を購入して運用することで、公債の意義も実感したようです。

特に栄一の驚いたことが、二つありました。

一つは、スエズ運河の開削工事が民間から集めた資金によってなされていたことです。紅海と地中海とを結ぶ大工事が国家主導でなく、スエズ運河株式会社という民間の法人によって行われていることに栄一は大きく驚きます。スエズ運河の工事は、レセップスという個人の発案に基づいて、国民の資本が株式の形で集められたことで可能となりました。日本の官尊民卑を肌で感じていた栄一にとって、民間の力でこれほどの大工事が行われていることは衝撃的でした。

もう一つの驚きが、身分を超えて人々が対等にやり取りする姿でした。

昭武の世話係には、幕府が依頼した現地の銀行家フリュリ・エラールと、ナポレオン3世の計らいで陸軍大佐のヴィレットが付いていました。当時の日本で言えば、エラールは商人、ヴィレットは武士というところです。日本であれば厳しい身分制度によって両者が対等に話すなどありえないことです。栄一は、パリで両者が対等に話し、渡り合い、経済・政治に意見を交わす姿を見て、これまた大変驚いたようです。

栄一は、このように人々が平等に暮らせるカギは、身分にかかわらず経済活動を行える社会の仕組みにあるのではないかと考えました。

その仕組みこそが、資本主義です。

日本にこの仕組みを持ち帰り、平等な身分制のもとで商人の力や社会的評価を高めることで、社会の発展に寄与したいと考えます。栄一は、ヨーロッパの経済活動の仕組みをエラールから熱心に学ぶようになります。

栄一は、資本主義のベースは「信用」と「責任」にあると考えました。国が金融機関に信用を与え、金融機関が責任をもって国民から資産を集め、さらに事業者が責任を持って資金を運用して国民に返還することによって、国を強くしていくというシステムです。〝金銭の調達〟ではなく〝信用の調達〟で経済を回すことで、合理的に、民間の富を国づくりに向けられると学んだのです。

パリ万博派遣団に随行したのはもちろん栄一だけではありませんが、他の団員に比べて栄一の資本主義や経済の仕組みへの理解はずば抜けていました。なぜ彼は自然に受け入れることができたのか――私は、経済や文化の要衝だった血洗島での暮らしや、藍玉の販売で培った商いの感覚、さらに一橋家の財政管理という、当時としては豊富な経済や商売に関する知識と経験が、ヨーロッパの経済を違和感なく受容する素地になっていたと考えています。

留学中の栄一に、再び転機が訪れます。

大政奉還の報せが届き、１８６８（明治元）年、明治新政府からの帰国命令により、昭武一行の留学が中断を余儀なくされたのです。

帰国した栄一は、慶喜の蟄居《ちっきょ》する静岡藩へ行き、藩の財政立て直しのために商法会所を設立、商社と銀行とを合わせた業務を行います。パリで学んだことを早速生かしたわけです。しかし、その事業が軌道に乗った矢先、新政府から才能と手腕とを見込まれて仕官を求められます。明治新政府は薩長土肥を中心とする人材だけでは足りず、経験のある旧幕臣を求めていました。

日本でフランスのように平等な社会をつくるには、民が官に匹敵するだけの力を蓄え、社会を改善するための主導権を握る必要がある……留学の経験でそう考えるに至った栄一にとって、新政府の仕官にという要望には、複雑な心境だったでしょう。すでに民の力を高めるための一事業として、民間経済人として静岡の商法会所の活動も始めていました。さらに、親戚や友人の多くが彰義隊として上野の山にこもり、新政府軍によって命を落としてもいました。

実際、当初は断るつもりで、当時大蔵大輔兼民部大輔だった大隈重信に会いに行きますが、大隈の説得を受けて、民部省租税正、のちには大蔵省の官僚となります。栄一には、政府で働くことが、フランスの進んだ社会システムを日本に広く定着させる近道になるかもしれない、という思いもあったのではと思います。

栄一の経歴を文字の上だけで追うと、攘夷の士から幕臣、さらには新政府の官僚と、ふらふらと立場を変えていった人物のように見えるかもしれません。ですが、栄一の選択の根幹には「平等な社会の実現」「国を富ませる」という目標が常にありました。その大きな一本の筋を通しながらも、機を見て柔軟に対応していく人物だったのでしょう。

栄一の「合本主義」とは何か

明治政府の官僚となった栄一は、貨幣改革、度量衡の統一、太陽暦の採用、郵便制度の確立など重要な政策を次々と実行していきます。

政府は西欧列強に追いつくために、官民連携しての工業化にも力を入れますが、現実的には、官営事業を民間企業に請け負わせることは困難で、政府は民間事業の保護や援助する立場に回りました。

政府の保護を受けたからといって、民間で新しく事業を興しやすかったわけではありません。「高金利」、「資本不足」、「人材不足」、少なくともこの三つの問題があったと栄一は指摘しています。会社の設立にあたって大金を集めても、実際に利益を出して返済するのに長い期間を要しますし、機械工業を興すための人材育成にも時間がかかります。

栄一は、そのような諸問題を打破するために、「合本主義」を唱えました。

では、本章の冒頭でも述べた合本主義とは、具体的にどのようなものなのでしょうか。

現在では、「渋沢栄一は日本に資本主義をもたらした」と説明されることがよくありますが、栄一自身は生涯にわたって「資本主義」という言葉は用いず、「合本主義」と表現していました。

資本主義とは、資本がサービスの生産・流通の主体となる経済体制のことです。一方で、合本主義とは、「公益を追求する使命に最も適した人材と資本を集め、事業を推進させる」という考え方です。合本主義の思想にのっとって作られた会社が「合本組織」です。栄一が唱える合本主義は、資本主義よりも強い規範を伴い、公益の追求、つまり人と人がつくり出す豊かな社会の形成が主軸に置かれていました。

栄一は、合本主義における重要な要素を三つ挙げています（『合本主義』研究プロジェクトについて」『青淵』２０１４年6月号より）。
一つ目が「設立目的・使命」です。今であれば「ミッション」とも言えるでしょう。栄一の考える合本組織の使命は、社会全体の利益、すなわち公益を増加させることにありました。そのため、株主や経営者は、会社設立の目的や使命を十分に理解した上で、投資・経営する必要があります。合本組織は必ずしも株式会社でなくてよく、社会の目的を達成するために適した組織であればよかったのです。

二つ目が「人材とそのネットワーク」です。栄一は、会社経営や事業活動に従事する人材を重視しました。特に経営者は、会社の使命や目的をよく理解し、公益を追求する人でなければならないと考えました。また、経営利益が投資家、ひいては社会全体に行き渡ることが肝心だとして、事業や利益を独占し、富の蓄積を目的にすることには断固として反対しました。その意味で、経営者には、事業を適切に進めてゆく実行力だけでなく、広くパートナーと協力することのできる視野の広さと協調性、それを支える人的ネットワークを持っていることを期待したのです。

合本主義における重要な要素の三つ目が「資本」です。事業を興し、展開するためには元手となる潤沢な資本が必要である、と栄一は説きました。日本国内の遊休資本（使うあてがない資本）を有効に利用するため、銀行制度を導入します。さらに栄一は下野した後、第一国立銀行を皮切りに、全国に民間銀行を設立していきました。

栄一の銀行に対する考え方は、第一国立銀行の株主を募集した際の「第一国立銀行株主募集布告文」に、よく現れています。

> そもそも銀行は大きな川のようなものだ。役に立つことは限りがない。しかしまだ銀行に集まってこないうちの金は、溝にたまっている水や、ぽたぽた垂れているシズクと変わりがない。時には豪商豪農の蔵の中に隠れていたり、日雇い人夫やお婆さんの懐《ふところ》にひそんでいたりする。それでは人の役に立ち、国を富ませる働きは現わさない。水に流れる力があっても、土手や岡に妨げられていては、すこしも進むことはできない。ところが銀行を立て上手にその流れ道を開くと、倉や懐にあった金がより集まり、大変大きな資金となるから、そのおかげで、貿易も繁昌するし、産物もふえるし、工業も発達するし、学問も進歩するし、道路も改良されるし、すべての国の状態が生まれ変わったようになる。
>
> （前出『青淵』より）

身分制度を超えて資本を広く集め、公益に寄与する事業に活用する。そのことで国を富ませる。栄一の合本主義の根幹にあるのは、自己の利益ではなく、公益を追求することです。その資金を援助するのが銀行の役目であり、だからこそ栄一は、合本主義を実現させるためには銀行が必要であると考えたのです。

栄一の合本主義へのこだわりは、同時代の起業家の岩崎弥太郎と比較するとよくわかります。二人の事業への考え方と利益の扱い方にはかなり大きな違いがありました。

弥太郎は、現在の三菱グループにつながる三菱財閥を創始した人物です。海運業で莫大な資産を得た弥太郎は、企業の成功のカギは、優秀な人材による独裁的な経営にあると信じていました。１８７５（明治８）年に制定された三菱汽船会社の規則には、こう記されています。

「会社は岩崎一家が所有運営するもので、社長が全権を掌握し、利益も損失もすべて社長一個に帰属する」

「当社はしばらく会社の名を冠し、会社の体を成すと云えども、その実全く一家の事業にして、他の資金を募集して結社するものとは大いに異なり、故に人事賞罰を含め、会社に関する一切のことはすべて社長の特裁を仰ぐべし」

これを読むだけでも、「社会の利益のために組織はある」と考えた栄一とは対照的だったことが窺えます（弥太郎のやり方を批判しているわけではなく、二人が取った手法の違いとして紹介しています)。

弥太郎が追い求めたのは、利益を最大化すること、そのために経営は独占かつ独裁的な形で行うことでした。弥太郎は、栄一に三菱の事業への参加を求め、二人で事業を進めようと持ちかけたことがありますが、栄一は合本主義の必要性を説き、頑なに拒みました。二人は各々の信ずるやり方で事業に取り組んでいくこととなります。

その後栄一は第一国立銀行を拠点として、数々の会社の設立と経営に参画し続けた一方で、新しい事業を興そうとする人々には支援を惜しみませんでした。栄一は企業家たちに、銀行のローンの組み方や、財務諸表の作り方などを指導し、しばしば発起人名簿に名を連ね、開業資金の一部を自ら投資しました。そして、会社が無事設立されて経営が軌道に乗ったのを確認すると、多くの場合、自分の持ち株を売却し、その資金を次の新しい企業の支援に充当したそうです。

ただ、栄一の合本主義はその当時、大きな利益をもたらさない考え方だとあまり評価はされませんでした。確かに経営利益の大きさで言えば、三菱や三井、その他の財閥の方が大きかったのは事実ですが、そもそも栄一には、経営によって富の最大化を目指す気持ちは少なかったのでしょう。あくまで栄一が求めていたのは、公益を追求し、日本の近代化を推進することだったのです。

『論語と算盤』――そろばんだけで理想の社会は作れない

さて、時系列が前後しますが、栄一は3年という短くも濃い官僚生活を経て、1873（明治6）年に下野します。33歳のときでした。その後、古希を目前に69歳で多くの企業の役員を辞するまで実業家として活動し、平和な世を目指して民間外交にも精を出すようになります。

栄一が実業家として活動していく際、精神的支柱としたのが、幼い頃から慣れ親しんだ『論語』でした。論語で説かれていた考え方や倫理観は、自分の理想とする合本主義を実現するためにも必要だと考えていたようです。

栄一の思考の集大成として出版されたのが『論語と算盤』です。1916（大正5）年、76歳のときでした。栄一は、当時高まっていた経済偏重と個人の利益重視の風潮を敏感に感じとり、この本の中で、利潤を追求するだけではない「道理正しい経済」を説きました。人々が利益追求へと暴走しそうになったときに『論語』がそのストッパーの役割を果たしてくれると考えたのです。

『論語と算盤』の内容を、少し詳しく見ていきましょう。

冒頭には、「論語と算盤は、甚だ遠くして甚だ近いものである」とあります。これは栄一の「経済道徳合一」、つまり、経済と道徳のバランスについて端的に述べた表現だと思います。

『論語と算盤』が刊行された当時は、江戸時代の士農工商の考えがまだまだ社会に根付いており、商業を卑しいものと見る風潮が強かったようです。しかも、江戸時代に学問をするのは基本的には武士階級であり、商人たちに学問は不要だと考えられていました。そんな価値観の根づいた社会で、栄一は「士魂商才」を説きます。これは、日本古来の精神を失わずに、中国の学問を消化して活用すべきだという「和魂漢才」をもじったものです。それを商売に置きかえて、武士が学問を通して醸成した道徳観と、商売とを両立させることが大切だと栄一は表現したのです。

孔子も『論語』の中でこう述べています。

> 富と貴きとは、これ人の欲する所なり。その道をもってせずしてこれを得れば処《お》らざるなり。貧と賤しいとはこれ人の悪む所なり。その道をもってせずしてこれを得ざれば去らざるなり。

訳「人間であるからには、だれでも富や地位のある生活を手に入れたいと思う。だが、まっとうな生き方をして手に入れたものでないなら、しがみつくべきではない。逆に貧賤な生活は、誰しも嫌うところだ。だが、まっとうな生き方をして落ち込んだものでないなら、無理に這い上がろうとしてはならない」

（『現代語訳　論語と算盤』守屋淳訳、ちくま新書）

ここでは富貴を言下に否定するようには書かれていません。

「その道をもってせずしてこれを得れば処らざるなり」（まっとうな生き方をして手に入れたものでないなら、しがみつくべきではない）とあるように、道徳のないやり方で得た富を戒めていたのです。

栄一自身も「真正の利殖は仁義道徳に基づかなければ、決して永続するものではないと私は考える」と述べています。商売で重要なのは道徳であり、個人の利益のみを重視しては長く続けていくことはできないことを、栄一は見抜いていたのでしょう。

また栄一は、とある富豪の子息が、社会に出るにあたって助言を求めて面会に来たときにこうアドバイスしています。

富豪といえど自分独りで儲かった訳ではない。言わば、社会から儲けさせて貰ったようなものである。（中略）だから自分のかく分限者《ぶんげんしゃ》になれたのも、一つは社会の恩だということを自覚し、社会の救済だとか、公共事業だとかいうものに対し、常に率先して尽くすようにすれば、社会は倍々健全になる。それと同時に自分の資産運用も益々健実になる。

（「仁義と富貴」『論語と算盤』渋沢栄一、角川ソフィア文庫）

栄一は、商売で利益を出した者は、その分だけ社会に還元するべきだと考えていました。実際に栄一は民間の実業家に転じた翌年、１８７４（明治７）年から「東京養育院」の運営を引き受けています。東京養育院は、孤児や病気や災害による生活困窮者などを預かる公の施設でした。その当時、「税金で困窮者を養っても、国民を怠け者にする」と主張する有力者もいましたが、それに対して栄一は「病気や災害や失業で貧しくなる人々を救うのが人の道、政治の役割」と反論したと言います。１９０８（明治41）年に発足した「中央慈善協会」の就任挨拶では「文明が進み、富が増すほど、貧富の差がひどくなる」「道理正しく、組織的にも経済的にも、慈善を進歩させていきたい」と述べています。

資本主義経済の長所と短所を理解していたからこそ、それを日本に導入した自らの責任も感じ、慈善活動に注力したのではないかと私は考えています。91歳で亡くなるまで東京養育院の院長を務めたことも、栄一の福祉への思いの強さを感じさせます。

忘れられていく公益

栄一の来歴と「合本主義」の考えをひも解くと、彼にとって経済とは、平等な社会を実現させ、公益を最大化させるためのツールに過ぎなかったことがわかります。生涯をかけて、自身の蓄えや利権を大きくするためではなく、よりよい社会をつくるための経済活動を実践しようとしました。

しかし、人間はどうしても「もっともっと」と自分の富を求める方向に進んでしまいます。そこで栄一は『論語と算盤』で、そうならないためのストッパーとして道徳観、倫理観をベースとした経済活動を行うことの重要性を説きましたが、「論語と算盤」的経済活動が社会に定着することは叶いませんでした。晩年に記した「米寿を迎えた喜び」という文章からは、経済発展に伴って人々の精神が向上していかないことへの苛立ちが感じ取れます。

遺憾なのは、精神方面の改善進歩の見るべきものがないことである。（略）これは日本のみでなく世界的に面白からぬ状態にあると言えよう。これがため私の常に力説している経済道徳合一の必要があるのである。物質の進歩に精神が伴うて初めて完全なる文明が生まれるのである。（中略）

ただ今日のごとく自分さえよければ他人はどうでもよいというふうで、物質のみを主とすることのないようにありたい、さりとて唯心的になり経済観念を忘れるようでは困る。どうしても両々相俟って進むことが必要である。一言に尽くせば、道理正しい経済を進めることが必要である。

（「米寿を迎えた喜び」『渋沢栄一自伝』角川ソフィア文庫所収）

栄一の願いも虚しく社会の経済偏重は進み、現在は完全にお金で物事の価値が計られるようになりました。しかし、彼の価値観は栄一の薫陶を受けた経営者たちには引き継がれました。私は、その最後の世代の経営者たちに実際にお会いしてお話しする機会を得ました。彼らは戦争を体験した世代でした。１９７０年代の経済界の重鎮たちの中には、自分の会社の利益について語る人はいませんでした。どういう社会、どういう日本をつくるかということを語っていたのです。

みなさん口を揃えて仰っていたのは、会社を経営することは「戦争で死んだ友人のためでもある」ということでした。戦時下では、優秀な者が次々と戦地で亡くなっていきました。それを目の当たりにした人たちには、自分たちが生き残ったのは亡くなった優秀な友人たちの夢を実現させるためだ、という考えが根底にあったのです。だからこそ、未来につながっていく社会をどうつくっていくべきか、という理念を体温のある言葉で語ることができたのだと思います。

しかしバブル崩壊後、日本経済が低迷期に入ると、経営者も理念どころではなくなります。自分たちが生き残ることに必死になり、世の中のことや公益について考えたり、投資したりする場合ではなくなってしまいました。

さらに追い討ちを掛けたのは2008年のリーマン・ショックです。日経平均株価はバブル後よりもひどい安値水準を記録し、世界的な大不況を受けて、非正規雇用者の解雇が社会問題となったことは記憶に新しいでしょう。以来、日本の経営者の関心事は、いかに雇用を減らして収益を上げるか、ということばかりになってしまっています。従業員を守る〝未来社会のための経営〟という意識が薄くなり〝株主のための経営〟になってきたと感じます。つまり、1970年からわずか40年で、栄一が重視していた公益という概念は日本からほとんど消えてしまいました。

西欧列強に追いつくことを目標としていた明治期には、栄一の持ち込んだ資本主義・合本主義は確かに魅力的なシステムでした。しかし、私たちが道徳心を失い、公益も忘れつつある今、経済は人の手に余るものになりつつあるのかもしれません。もちろん、孔子も栄一も説いたように、経済活動が悪だと言いたいわけではありません。問題は、欲望によって必要以上に経済を肥大化させてしまっている私たちの心の中にあると思うのです。

次章では、そうした経済活動を続けてきた結果、私たちがいかなる現状を迎えているのか、もう少し詳しく見ていきましょう。

第2章

限界を迎えた現在

栄一以後の日本経済

前章では、栄一が合本主義によって、国を富ませ、公益を拡大させることに努めたことを紹介しました。

経済の発展にはほどよい競争が必要であるが、過度な競争状態はむしろ社会に悪影響を与えると、栄一は警鐘を鳴らしました。そのために、『論語と算盤』で道徳観をもって経済に取り組むべきだという考えを述べました。しかし、その後の社会は、日本も世界も栄一の危惧した状況へと進み続けています。

本章では、栄一が危惧した方向へ向かいつつある世界と日本の現状を、主に環境の視点から見直していきます。

栄一は1909（明治42）年、古希を前に財界から一線を退きました。

その後は、当時の世界情勢を危惧し、民間の平和外交に精を出しましたが、栄一の没する1931（昭和6）年には、その甲斐なく満州事変が勃発し、日本と世界は苦難の時代に突入していきます。第二次世界大戦が終戦すると、日本は敗戦国として、世界からの蔑視の中、焦土と化した国土の復興に取り組むこととなりました。

戦後復興は、普通の暮らしを取り戻すことから始まります。そこでの優先順位は、生産性や経済成長でした。ただ、戦後の日本の経済成長は凄まじく、11年後の１９５６年には、政府は経済白書で「もはや戦後ではない」と宣言。１９５５年から１９７３年までは、実質経済成長率が年平均で10％前後を記録する高度経済成長期が続き、その後はバブル景気へ突入。株式や不動産価格は実態の価値よりも膨れ上がり、１９９１年にバブルが崩壊して以降は、経済の低迷と景気の横ばいが続く、いわゆる〝失われた30年〟が続いています。

栄一が『論語と算盤』で唱えた「算盤」とは、商売――つまり、私たちが日々暮らしていくためにモノを買ったり売ったりする「実体経済」のことでした。

しかし、90年代になると、経済に大きな変化が起こります。その変化は、パソコンの普及によってもたらされたものでした。パソコンを人々が一台ずつ持ったことによって、ウォール街を中心として、パソコンの中でお金がお金を生んでいく仕組みがつくられます。株や為替、あるいは債権などを複雑に組み合わせた金融資本のシステムによって、モノを介さずにお金だけが動く「金融経済」が経済の中心に台頭してきました。そして現在、私たちを含め世界中の人々の暮らしは、金融経済によって実体経済の70倍から１００

倍に膨れ上がったバーチャルなマネーの中に浮いているような状態にあるのです。

その中で起きた大不況が、記憶に新しい２００８年のリーマン・ショックです。アメリカの投資銀行リーマンブラザーズの倒産に起因して世界的な不景気が起こったわけですが、その原因はサブプライムローン問題でした。信用の低い低所得者にも住宅ローンを発行したところ、利用者が返済できなくなり、その結果、リーマンブラザーズは約６０００億ドル（約64兆円）という負債を抱えて経営破綻しました。リーマンブラザーズは大手の証券会社でもあったので、関連する銀行等にも影響が広がり、アメリカ経済、世界経済へと不景気の波が広がっていきました。金融経済は実態よりも大きなお金を動かせる反面、このような金融危機を生じさせるリスクもあります。

金融経済と実体経済の乖離は、身近な例として、現在の日本の株価上昇が挙げられるでしょう。２０１９年末からの新型コロナウイルスの流行とそれに伴う緊急事態宣言によって、多くの経済活動がストップし、明日生きていけるかもわからない人たちがたくさん現れました。しかし、コロナ禍以降も日経平均株価は上昇を続け、２０２４年3月には史上初めて4万円を超えました。これは好景気に湧いたバブル期をも超える株価です。

日々の暮らしに困っている人がたくさんいるのに、経済の一つの指標である株価が上がっている。日本政府がコロナ禍の経済への対応としてマーケットに刷り込んだお金が、本当に困っている人たちのところへは行き渡らず、金融資本に吸い取られてしまっているためです。

しかし、私たちは金融経済で生きているわけではありません。日々食べる食事があり、寝起きする家があってこそ生きています。その資源を生み出しているのは、この地球に他なりません。「お金が全てではない」ということは、過去にも多くの経済学者や社会学者が指摘してきました。例えば、ウィーン出身の経済学者カール・ポランニーは、そもそも経済は人間の社会の関係性の中に埋め込まれているはずのものであり、経済システムだけで社会を論じるのはおかしいと、著書『大転換』で指摘していました。しかし、多くの人々はこうした指摘に耳を傾けることはありませんでした。

暮らしが変わった60年間

戦後に変わったのは経済の在り方だけではありません。この60年間で私たち一般の人々の暮らしも大きく変わりました。いわば、現在のような暮らしへの転換点を迎えたのが1960年前後です。今や多くの人にとっては歴史の教科書の中で読んだことのある内容かもしれませんが、1952年生まれの私にとっては実際に生きた時代になります。私の体験も踏まえて、１９６０年頃からの社会の変化を追ってみましょう。

１９５９年、今の上皇ご夫妻が成婚されました。その当時は皇太子殿下です。馬車でのパレードがあり、裕福な家では白黒テレビで見ることができました。当時、テレビは各家庭にはなく、テレビがある家に近所の人みんなで集まって見ました。そのとき、テレビという箱の中に、実際自分がその場に立っているような景色を見られることに、とてもびっくりし、またとても憧れたことを今でも覚えています。

１９５０年代後半には「三種の神器」という言葉がありました。もともと三種の神器というのは神道の三種の神器で勾玉と剣と鏡ですが、それになぞらえて冷蔵庫と洗濯機と白黒テレビという三つの電化製品を三種の神器と呼んだのです。

それまでの冷蔵庫は、木の箱の内側にブリキの板を貼り、そこに氷屋さんから買ってきた氷を置いて、その氷が溶けるまでは箱の中が外より冷えている、というものでした。ところが50年代後半以降の冷蔵庫では、電気のコンセントを挿し込めば、箱の中が自動的に一定の温度に保たれるようになりました。

洗濯に関しても同様です。それまでたらいの中で洗濯板に服をこすりつけ、固形石鹸で洗っていたのに、洗濯機の中に粉石鹸と服を放り込めば、自動で洗濯してくれるようになりました。先ほどのテレビを含めて、50年代後半には、この三つの家電が一般の家庭でも手に入れられるようになったのです。

この後すぐ、湯沸かし器やエアコンも各家庭に入ってきて、自家用車が街中を走るようになり、私たちは便利な暮らしをするようになりました。つまり、今の私たちの暮らしの原型が、高度経済成長期のはじまりに当たる１９５０年代後半からの5年間ほどの間につくられたのです。


都会だけではなく、農村にも便利な機械が入ってきました。テイラーという耕運機が導入されたのです。

それまで田畑は、人間の手で鍬を入れたり、牛や馬で耕していました。牛馬を飼っておくには、餌となる草を毎朝山まで行って刈り、それを担いで持ってきて、食べさせる必要がありました。冷蔵庫も保存装置もなかったので、毎日の作業でした。ところが、耕運機は軽油を買ってきて入れさえすれば、勝手に動いてくれる。こんなに便利なものはありません。その後、耕運機はトラクターへと変わりました。

この時期、山にも、エンジンで動くノコギリ（チェーンソー）が入ってきます。それまでは何度も斧を振って木を倒していたのが、まるでインスタント食品を調理するように、3分に1本ずつ日本中の木が切られるようになりました。切られた木は、建材になったものもありますが、ほとんどはパルプに加工され、紙として使われました。

人々の仕事も変わっていきました。田畑を耕し、自然の中から必要なものを得る暮らしから、会社に雇用されて俸給をもらうサラリーマンという働き方をする人がどんどん増えていきました。農村から都市へと若い人々が流出するようになったのです。総務省統計局が行っている「労働力調査」を見ると、１９５３年には、「雇用者」は就業者の4割ほどでした。１９６０年代には5割を超え１９７０年には7割に迫り、その後も上昇を続けます。

その中の「産業就業割合」を見ると、１９５３年時点で農林業が40%近く占めていたのが、徐々に低下を続け、１９６７年には20%を切り、その後も減少し続けています。その一方で増加したのは、製造業（第二次産業）やサービス業（第三次産業）です。

今の日本は、就業人口の多くがサラリーマンとして第二次産業・第三次産業に就いていますが、その多くは自分で食べるものを自給しません。働いて得た賃金で食品や身の回りのものを全て購入して賄うことになります。読者のみなさんも、ほとんどの方は就職してお金を稼いで、そのお金で食品や生活用品を買って暮らしていることでしょう。そんな、今の感覚からすると〝当たり前〟の生活が行われるようになったのが、１９６０年代以降です。それからまだ、100年も経ってはいません。

豊かさと反比例する「不安」

この60年を振り返ると、科学技術は進歩し、モノも豊かになりました。それは、戦後の焼け野原から再出発した世代が、幸せな時代をつくろうと一生懸命働き、新しい社会と技術を生み出してくれたからです。様々な商品やサービスが生まれ、暮らしもものすごく便利になりました。少し歩けばコンビニやスーパーがあって、多くのものが手に入れられます。自動車によって個人でも遠くまで自由に行けるようになりましたし、インターネットによって情報が瞬時に手に入れられ、地球の裏側の人ともやり取りができます。日々の選択肢は飛躍的に増えました。

では、現在の私たちは日々の暮らしに幸せを感じているでしょうか。

内閣府の「国民生活に関する世論調査」を見ると、この60年間で日常生活に不安を感じる人の割合がとても増えています。約7割の人々が日々不安を感じていると言います。これだけ豊かになったのに、なぜ不安なのでしょうか。

その要因の一つは、自分や家族の生活がお金に支配されていることで、激動する経済の変化の中で、いつお金を失ってしまうかわからないことへの不安ではないかと思います。「どうやらこのままの暮らしを続けることは難しそうだ」という思い、また、先に述べたバブル崩壊やリーマン・ショックのときのように「不景気になって仕事がなくなったらどうしよう。お金がなくなったらどうしよう」という心配などがあるでしょう。

その不安の根本には、「地に足のついた暮らしを送っていない」ことがあると私は思います。地に足がついていない、というのは、具体的には、生きることに直結する衣食住を自分で調達できない、自分の食べるものや身につけるものがどこでどのように作られたのかわからない、お金で買うしかない、という状態のことです。

現在の私たちの暮らしは、経済に大きく依存しています。お金を持っていなければ生活していけないと多くの人が思っています。

しかし、昔は日本人のほとんどがお百姓（農民ではなく）でした。百姓とは、生きることすべてを自分で賄うことができる人、百（すべて）の仕事ができる人を指します。田畑を耕し、家畜を育て、山で燃料や食料を採取し、家も自分たちで建て……と、生活のほとんどすべてを同じ村の人々と協力しながら、自分で賄っていました。そのぶん手間がかかり、経済的な稼ぎは少ないですが、自給をベースとした生活なので、金銭は多くは要りません。自分たちのできる範囲で生きていくという、地に足のついた暮らしです。日本人が長いこと続けてきた地に足のついた暮らしを、私たちはこの60年あまりですっかり忘れてしまい、一方で不安を大きく募らせているのです。

エコロジカル・フットプリント

私たちが日々の暮らしに不安を感じている、そのもう一つの根源的な理由は、そもそも経済が成り立っている土台である「地球」が有限だということに多くの人が気づいたことにあるのではないでしょうか。

地球が宇宙に浮いた一つの星であり、私たち人類がその中で暮らしていることは、何百年も前からわかっていたことです。しかし、私たちはそこから目を逸らし、地球が生み出す資源を過剰に使うようになりました。

その最もわかりやすい例が、石油や石炭、天然ガスといった化石燃料です。化石燃料を使うことで、車を走らせ、飛行機を飛ばせるようになりました。プラスティックや繊維、スマホやパソコンの原料としても使われており、まさに現代の暮らしは化石燃料に依存しています。しかし、その化石燃料の限界が次第に見えてきました。同様に、食物や大地や水の有限性もわかってきました。

１９６０年代以降の暮らしの変化は、地球環境にも劇的に影響を与えるようになりました。

ここで改めて、地球の現状を確認してみましょう。

まず、私たち人類が地球にどれだけ負担をかけているのか。ここに、地球上の自然の成長量のうちどれだけ人間が使っているかを表した「エコロジカル・フットプリント」というグラフがあります（図1）。

地球上の自然の成長量とは、図1グラフ内「バイオキャパシティ」という線の部分です。例えば、お米が実った、木が大きくなった、動物や魚が子どもを産んだ、バクテリアが分裂して増えたといった、地球上の生きとし生けるものすべての成長量を数値化したものです。自然の成長量とは、自然が人類に与えてくれる〝利息〟のようなものです。

このグラフでは、自然の成長量のうち人間という一種類の動物による消費量が表されています。１９６０年の段階では、人間が自然の成長量の約半分を使い、あとの半分を他の生き物が使っていました。

しかし、最新の２０１９年時点のデータでは、人間が地球１・75個分の自然の成長量を使っている、とされています（図2）。もちろん、地球は一つしかありませんから、これ

図1　世界のエコロジカル・フットプリント（土地別）

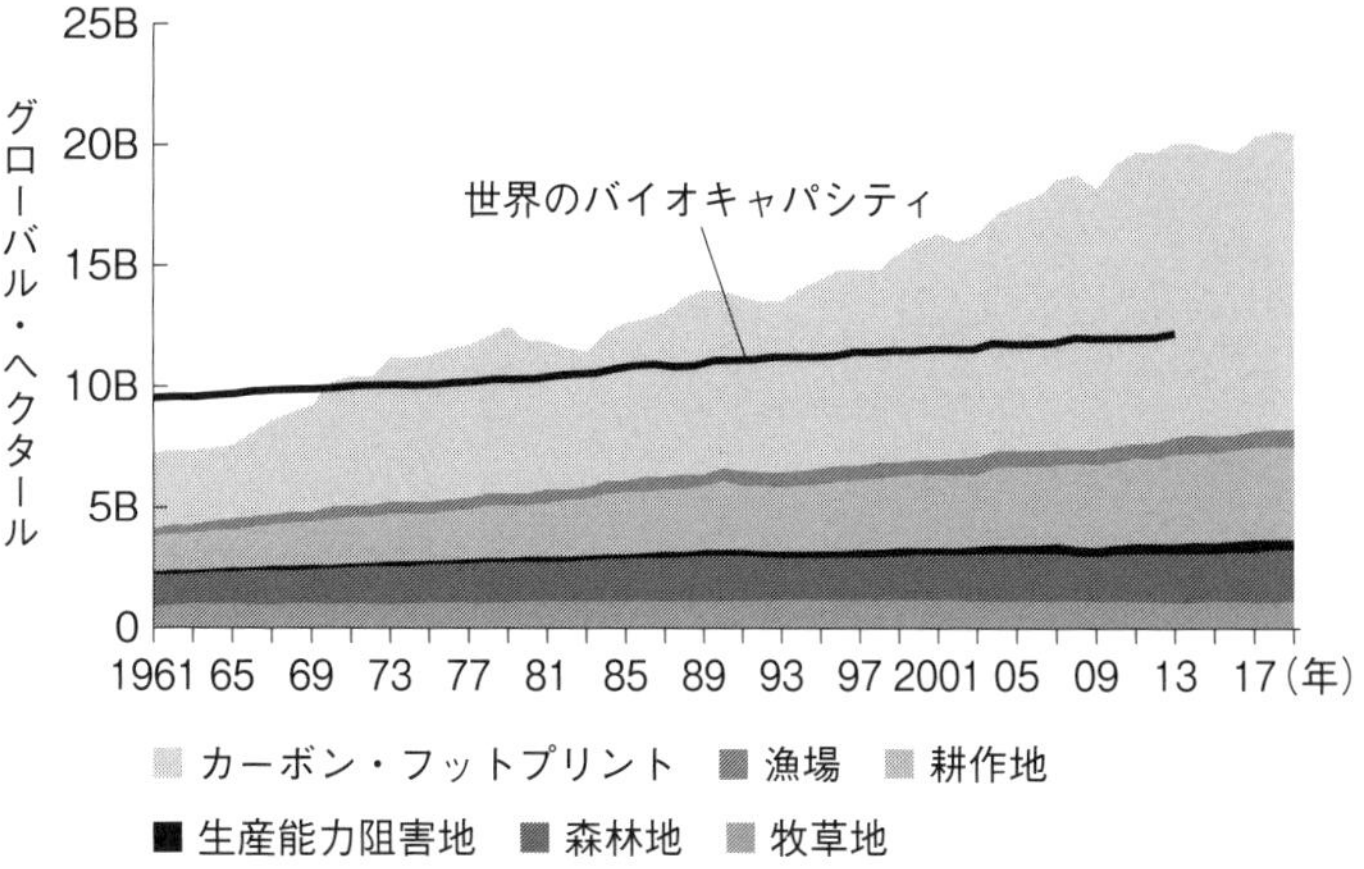

※Global Footprint Networkのグラフをもとに作成

図2　人間の暮らしは地球何個分か

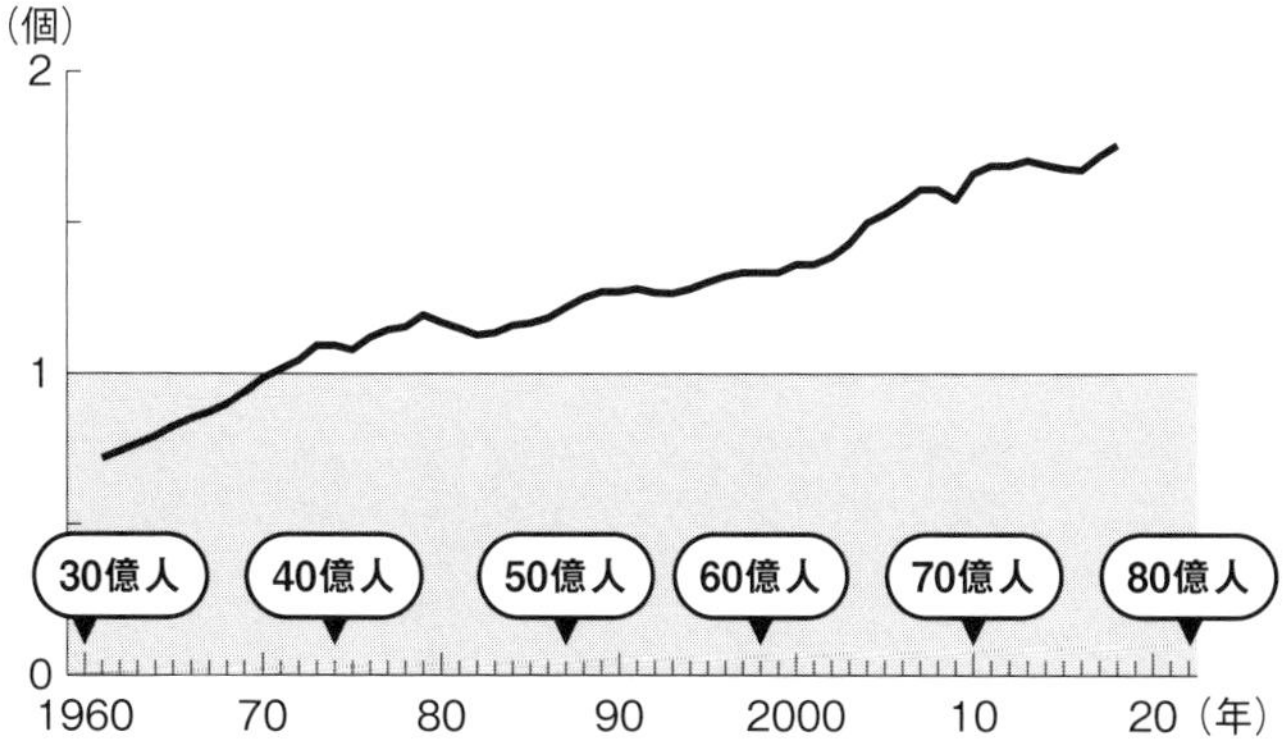

※Global Footprint Networkのグラフをもとに作成

は自然の利息を人類だけですべて使い、自然の利息だけでは足りずに自然の〝元金〟に手をつけている状況なのです。さらには、地球上の約80億人（２０２２年時点）の人間すべてが、今の日本人と同じような生活を行ったら、地球約3個分の成長量が必要だというデータも示されています。

ここで言う「成長量を〝使う〟」という言葉には二つの意味があります。

一つは食料を食べたり、木の伐採をしたりすること。もう一つは、私たちの廃棄物を分解し、自然のサイクルに戻すこと。そのためには、バクテリアなど色々な要素の関与と、そのためのエネルギーが必要になってきます。この実際的な消費量と、廃棄物を自然のサイクルに戻すための消費量が一対一だということは、すでに科学的に証明されています。

エコロジカル・フットプリントをもう少しよく見ると、何が一番地球に負荷をかけているかがはっきりわかります。もっとも多いのが「カーボン・フットプリント」と言われている部分です。これは資源を調達し、製品を生産し、廃棄するまでの全工程で使用された炭素（温室効果ガス）の総量を可視化したものです。

あらゆる製品は生産から廃棄・リサイクルに至るまでの過程でたくさんのエネルギーが必要となります。そのエネルギーは、石油、石炭、天然ガスなどの化石燃料から得られるものですが、それもまた無限ではありません。

図3　地球上の水の総量

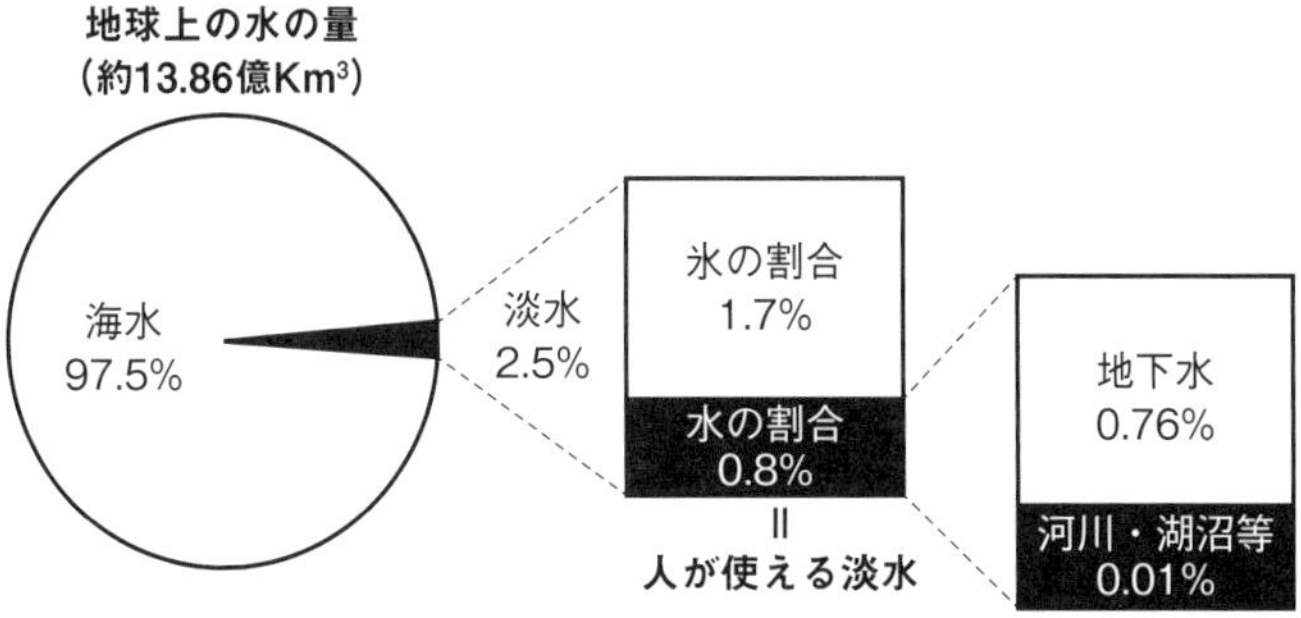

「地球上の水の量」国土交通省の図をもとに作成
（元データ：World Water Resources at the Beginning of 21st Century ; UNESCO, 2003,
※南極大陸の地下水は含まれていない）

原油の残量は、すでに2662億立方メートルしかないとされています。これは期待埋蔵量（これから新たに見つかるであろう石油）までが含まれた数値です。

ほかに、これまで資源としては使われてこなかったオイルサンド（石油を含んだ砂）や、不純物をたくさん含んだオリノコ重油、オイルシェール（油を含んだ岩石）もありますが、それらをすべて足しても、石油資源の合計は1兆1896億立方メートルです。富士山の体積が1兆4000億ですから、実は富士山1杯分の石油資源も、もう残されていないというのが、今の地球なのです。エネルギーの中心が石炭から石油に移行したのは1950年代です。しかし石油は、生物やプランクトンの死骸が地下で何億年もかけて変消費してしまったわけです。

水の問題もあります。図3は、海まで含めた世界の水の総量を表しています。実は、地球上に水はこれぐらいしかありません。水の豊かな日本に住んでいると想像しにくいですが、人類が農業や飲み水に使える水はほんのわずかなのです。この少ない水だけで、人類は水を飲み、食料を作っていかなければなりません。もちろん、この水を使えるのはすべての動植物も含まれます。人類だけではありません。

人類は地球の〝元金〟に手をつけた

人類が抱える問題はまだあります。人口の問題です。1900年から2020年の間に、人類の総人口は約16億から約75億人になりました。そのカーブは、1800年を超えたあたりから、垂直に立ち上がってきています。世界中で科学・医療技術が発達したおかげで、子どもたちが死なずに済むようになったことがその理由の一つです。その結果、多くの国でどんどん人口が増えています。今後は少なくとも世界人口は90億は超えるだろうと予想されています。膨れ上がった人類がこれまで同様に食料、木材、化石燃料を消費していけば地球がもたないことは先に述べたとおりです。

私たちはもともと、地球上に無数いる生物の中の一つとして、地球の成長量の一部をもらいながら生きてきました。地球の利息の中で生きる存在でした。しかし、このわずか60年あまりの間に、利息をすべて使い切り、それでも足りずに地球の元金を食い尽くす存在に変わってしまったのです。「元金を食い尽くす」とは、地球を人間のみならず、生物たちが生きていけない状況にしてしまうということです。

日本を含め先進国と言われる国々は、人間だけの豊かで便利な暮らしを求めて、化石燃料を使い、地球環境を搾取し、やりたいようにやってきました。しかし、その暮らし方では地球が持たないことが明らかになった。つまり今の先進国の暮らしの在り方が、明らかに間違っているということです。

もちろん、現在の暮らしのすべてを否定するわけではありません。しかし、暮らし方の転換を図らなくてはならない岐路に人類が立たされているのは明らかです。

地球規模の環境問題は、私たちの日々の暮らしと無関係ではありません。

わかりやすい例で言えば、日々電気を使うごとに、自動車や公共交通機関を動かすごとに、化石燃料は消費されていきます。

もう一歩踏み込んで考えてみると、毎回の食事においても私たちは地球を消費していま
す。

日本の食料自給率の低さは、耳にしたことがあるでしょう。現在、カロリーベースの食料自給率は38％（令和元年度）、6割以上の食料を海外から輸入していることになります。

一方で、スーパーやコンビニには、いつでも棚に食材やお弁当が並び、余ったものは捨てられています。本来食べられるにもかかわらず捨てられている食品のことを「食品ロス」と呼びますが、令和3年時点での食品ロス量の推計値は、523万トンでした。つまり日本は、燃料を使って海外から食料を運送し、大量に廃棄していることになります。

日本は戦後、付加価値の高い工業製品などの製造に注力し、食料は海外から安く調達するようになりました。その方が効率が良いと考えたのです。そうして現在では、食料の6割以上を海外に頼るようになったのです。こうした食料の流通を可能にしたのがグローバル経済（世界規模でのモノと金の移動の仕組み）であり、コールドチェーン（低温物流）という物流技術の革新でした。おかげで多様な食料を安く仕入れることができるようになったのです。

安いエビ天丼が示すもの

わかりやすい例として、エビを挙げてみましょう。

60年前、エビの入った天丼は大変高価な食べ物でした。かけ蕎麦一杯40円程度に対して、天丼は1200円もしました。一方で今では、駅前の天丼のチェーン店ならエビが入っていても500円台で食べられます。蕎麦も400円ほどで食べられるので、蕎麦と天丼はあまり値段が変わらなくなりました。

その理由は、エビを赤道付近の国々から輸入するようになったからです。

私は以前、NPO活動で、エクアドルでマングローブの植林をしていました。赤道付近の国々では海中にマングローブが生えていて、その根っこの間には小さな魚やエビ・カニの生息する非常に豊かな生態系があり、それらを捕食する鳥や動物たちも集まってきます。現地の人々はずっと、魚を獲るなどしてほぼ自給自足の生活を営んでいました。

そこに入ってきたのが、エビの養殖でした。マングローブ林の海水には稚エビがいるので、砂で囲いを作り、海水を汲み上げて、マングローブを伐った窪地の中にそのまま何ヶ月か放っておきます。するとそこでエビは自然に成長し、人間が食べられる大きさまで育っていく、という技術です。少ない手間で多量のエビを得ることが可能となりました。自給自足の暮らしの中に技術と経済が入り込んできたことで、エビを短期間に養殖して販売できるようになり、そこにバイヤーがやってきて、エビを仕入れて商社に売り、商社はそのエビのほぼすべてを日本など海外に輸出するようになりました。

このエビの輸出入の関係は、一見ウィン=ウィンのように思えます。現地ではまとまった現金を得られるようになり、日本のような海外の国ではエビを安く仕入れられるからです。

しかし、現地ではエビの養殖池を広げるために、マングローブ林が破壊され、周辺の自然環境は悪化し、生物多様性は失われました。また、マングローブ林は台風から内陸部を守る防潮林のような役目も担っていたので、台風や高潮の被害を受けるようにもなりました。

何より、それまで自給自足の暮らしだったのが、まとまったお金が入ってきたことで、人々はお酒を昼間から飲んで博打をするようになり、ケンカが絶えなくなり、人殺しまで起きるようにもなりました。お金を持つものと持たないものの二極化が起きたことで、それまで続いてきたコミュニティが崩壊していったのです。

もちろん悪いことだけではなく、エビを売ったお金で学校ができ、子どもたちは教育が受けられるようになり、病人は医者に診てもらうことが可能になりました。マングローブ地域は汽水域のため、塩分が残り、真水に事欠いていたのですが、深井戸を掘ることができるようになり、胃腸の不調を訴える人たちの数も減少しました。

そして何よりも、私たち日本人は天丼を安く食べられるようになったのです。もし環境破壊につながるからといって日本など海外の国々がエビを輸入しなかったら、現地の人々は子どもたちに充実した教育を受けさせることができなかったでしょう。晩ごはんのエビやカニには事欠かなかったかもしれませんが、経済的には貧しいままだったでしょう。あるいは仮に、現地の人々の環境意識がとても高く、

「このマングローブの森は自分たちの財産であるばかりでなく、酸素を生み出す全人類の肺のようなものだ。次の世代にまで残さなければいけないのだから、日本人にエビを食べさせるために伐採することはしない」

などと反対運動を起こしていたら、現在の日本の天丼の値段は10倍ぐらいになっていたかもしれません。この場合も、マングローブの森は守られますが、現地の子どもたちは学校には行けていません。

こうした一連の問題を、すべてはエビのバイヤーや商社のせいだと考える人もいます。しかし、バイヤーやエビの輸入をする商社がなかったら、私たちは安い天丼を食べられな

いし、現地の子どもたちは学校に行けず、病人も病院に行けていないのです。

みんなが良かれと思ってやったことが、地球環境を破壊していったのです。私たちはどこで曲がる角を間違えてしまったのでしょうか。

これは何も天丼だけの話ではありません。ハンバーガーに使うパテも、大量の牛を劣悪な環境で飼い、グローバルな流通システムに乗せることによって、低価格で提供できています。アイスクリームなどさまざまな食品や化粧品に含まれる植物性油脂も、森を伐り拓いて植えたオイルパームからできています。そのためオランウータンは絶滅の危機に瀕しています。

普段から天丼やハンバーガーやアイスクリームを食べることに罪悪感を覚える人は多くはないでしょう。しかしこのように、私たちが普段食べ、もしくは食べずに廃棄されている食品を作るために、地球環境に多くの負担がかかっています。

私たちは科学技術、特に物流技術の発展により、地球の裏側からも安い食材を買えるようになりました。そのことで人間の暮らしは豊かになりましたが、暮らしを支える地球は破壊されていきました。人間の都合だけで考えてきた経済行為や経済発展には代償があるということが、先述したような地球環境のデータや私が実際に体験を通して見えてきた事柄です。熱帯林も動物たちも私たち人類の相談には乗ってくれません。言葉が通じない生き物や鉱物たちを無視して人間だけで議論してきた結果が今の地球です。

無限に膨らむ人間の欲望とそれを叶えようとする科学技術だけでは未来社会は成り立たないことは、データとしても実感としても明らかになりました。

これから私たちが未来を語るときには、自然という有限な生態系、そして有限な地下資源という変数を加味し、その上での哲学と行動原理を持つべきなのです。

ムヒカが語った「幸せ」

地球の現状を知ると、これからの暮らしに絶望感を抱いてしまうかもしれません。しかし、一人ひとりが行動を起こせば、未来を変えるターニングポイントにはまだ間に合うはずです。

そのためのヒントを示してくれた一人が、ウルグアイの大統領だったホセ・ムヒカです。

ムヒカは２０１２年の「国連持続可能な開発会議（リオ＋20）」で有名なスピーチを行いました。彼はそこで、先進国の消費の形、豊かさの尺度を変えないと、環境破壊は止まらないのだと指摘し、こう言いました。

「貧しい人とは、少ししか持っていない人のことではなく、『もっともっと』と際限なく欲しがる人、いくらあっても満足しない人のことだ」

これは先住民の諺などにあるフレーズだそうですが、環境問題は、先進国の多くの人々の持っている際限ない欲望が引き起こしているのではないか、環境問題は人の心の中にあるのではないかと問いかけたのです。

ムヒカはこんなことも言っています。

「発展が幸せと対立するものであってはいけません。発展というものは、人類の本当の幸せを目指さなければならないのです。幸せとは愛、人間関係、子どもへのケア、友達を持つこと、そして必要最低限のものを持つこと。幸せこそが、私たちにとってもっとも大切なものなのです」

確かに、お金がいくらあっても便利な暮らしをしていても、家族や友人への愛を感じない日々は、幸せとはほど遠いのではないでしょうか。私たちはお金や便利な暮らしを求めるあまり、足元の幸せを忘れかけているのかもしれません。

ムヒカは、環境問題を改善するためには、まず、人々が自分にとって本当の幸せとは何かを考えるべきだと述べています。「足るを知る」という言葉があります。彼が投げかけたのは、人間の欲望を実現させるために、地球資源を湯水のように使ってきた現代の私たちの社会への疑問です。「足るを知る」とは我慢を人々に求める言葉ではありません。物質的な幸せ以外の幸せもあることに気づいた瞬間から、より豊かな人生が見つけられることを教えてくれる言葉です。自分にとっての幸せとは、人それぞれです。あなたにとっては、家族と暮らす時間かもしれません。子どもの頃から大切にしていたぬいぐるみかもしれません。その幸せのかたちを問い続けることこそが人生の意義ではないかと思います(自分にとっての幸せな生き方については、第5章で具体例とともに詳述します)。

SDGsで本当に重要なこと

2015年に国際連合は「持続可能な開発のための2030アジェンダ」を発表しました。

その冒頭には、「経済」「社会」「環境」の調和によって我々は世界を変革する、とあります。現在は明らかに経済へと世界が傾いているので、社会と環境とのバランスを取ることで世界を変えていこうと言うのです。

ここで大事なのは、「誰一人取り残さない」ということです。誰も取り残さないためには、現在浸透している価値観である、競争社会やグローバル経済での成功を求め続ける社会とは全く違うシステムが必要で、そうしない限り、おそらく我々は世界を変革できないし、持続可能に生きていくことなどできないと、このアジェンダは言っています。

そして、具体的な内容として、みなさんご存じの「ＳＤＧｓ」（持続可能な開発目標）が17項目設定されました。日本では残念ながら、マークだけが周知されるようになり、その冒頭に掲げられている「経済、社会及び環境の三側面を調和させる」という、重要な部分がほとんど伝えられていません。企業の環境報告書などを読むと、私たちは何番と何番と何番で貢献しています、などと書かれていることが多いのですが、本来は17の目標を同時に達成させるために、社会の構造をどうつくるのかが求められているのです。

アジェンダには、

「我々は、貧困を終わらせることに成功する最初の世代になり得る。同様に、地球を救う機会を持つ最後の世代にもなるかもしれない」

と書かれています。国連はそのリミットを２０３０年に設定しています。

これは、地球の利息だけで生きられる社会に戻せる、最後のターニングポイントだということを示しています。何も２０３０年に人類が滅びるということではありません。しかし、２０３０年以降も今のままの価値観をずっと続けていくと、人類滅亡に向かって引き返せない最終点を超えてしまう。その分岐点の手前で、私たちは考え方や暮らし方を変える必要があるということです。

まさに、人類と地球の未来は、今を生きる私たちの手の中にあるのです。

次章では、「経済・社会・環境」を調和させる暮らしとは実際にはどのようなものなのかを具体例とともに紹介します。実は、それはすでに、私たちの暮らしに存在していたものでした。

第3章

里山はなぜ持続可能だったか

人類はこの約60年、湯水のように地下資源を使うことを覚え、自然の成長量以上に地球を搾取することで、〝豊かな暮らし〟を送ってきました。

しかし、前章で述べたように、地球の資源を貪る生活を続けられないことはすでに明らかです。新しい価値観による、新しい暮らしをつくっていく必要があります。

ただ、そんな「新しい未来の暮らし」は、決して真新しいものではないと私は思っています。経済と環境と社会とが調和する暮らしは、実はひと昔前の日本には実在していました。現代のような便利さはありませんが、限られた自然資源を上手に使う仕組みを備えた暮らしでした。

そのキーワードは「循環」です。日本ではかつて、農山村でも、当時の大都市であった江戸でも、自然の成長量に合わせて、その場所でより多くの人が生存できるため、資源をより効率的に無駄なく利用するために、消費と生産とが循環する暮らしが営まれていました。

本章では、日本人がどのような暮らしを営んできたかを、改めて振り返っていきたいと思います。

一人も餓死者がいない村

まずご紹介したいのが、秋田県秋田市にある、鵜養《うやしない》地区です。

現在は、清酒「新政」の酒米の産地として知られていますが、私が知ったのは、まだハウステンボスで働いていた頃でした。

その当時は、「サステイナブル（持続可能性）」という言葉が言われ始めた頃で、ハウステンボスでは〝千年続く街をつくる〟というキャッチフレーズを打ち出していました。そこに秋田市の役人の方が来られてこう言われたのです。

「実は、秋田県内の集落の江戸時代以降の過去帳を調べていたら、一人の餓死者も出てないという村があったんです。その村は持続可能な村と言っていいんでしょうか」

私はこれを聞いてとてもびっくりしました。

というのも、菅江《すがえ》真澄《ますみ》という江戸時代の紀行家の残した記録を読んだことがあり、そこには現在の秋田県に当たる地域について飢饉のことばかりが記されているのを知っていたからです。その記録には、村の道の両脇に頭を道側にして死体がズラッと並べられていて、その間を歩いていくのがとても不気味だった、というようなことが書かれているのです。江戸時代、寒冷な秋田では稲が育たず、毎年のように飢饉が起きていたのですが、その中で一人の餓死者も出ていない村があるなんて、私には想像ができませんでした。

私は、ぜひその村を見せてもらいたいと頼み、連れて行かれたのが鵜養という村でした。

私が初めて鵜養に行ったのは1970年代、村には70戸・250人ほどが住んでいました。

周辺を山に囲まれ、家々の前には水田が広がる、みなさんが「日本の田舎」と言われてまさに想像するような地域でした。

家の周りには防風・防雪のための杉が並びます。杉は幹が真っ直ぐ伸びる針葉樹なので、主に建材にも使われます。家の修繕が必要なときに使うために、家の近くで育てられているのでしょう。一方、敷地内には広葉樹も見られます。広葉樹は繊維が入り組んでいて割れにくいので、器を作るのに使われます。つまり、家の周りの木から、建材と器の材料を得ていたということです。

家の後方には山が見えました。その山の木は、燃料（薪や炭）として使っていました。

要するに、生活に必要なすべてが身の回りにある地域だったのです。この風景自体はかつての日本によく見られたものですが、秋田の山中で寒冷な土地ですから、水は冷たく、

秋田県鵜養の現在の風景

少しでも冷夏になれば昔はお米が一粒も穫れないこともザラにあったはずです。そんな中でこの村の人々はどうやって餓死者を出さずに生きてきたのだろうと、私はますます不思議に思いました。

エネルギー源としての森

その答えは、住民たちの、山と森との関わりにありました。

当時、鵜養は村の共有財産として広葉樹の森を33カ所持っていました。先ほどの写真の後方に写っていたのがその一部です。

毎年、その内の一つの森に生えている木を集落総出ですべて伐ります。これを「皆伐《かいばつ》」と呼びます。当時の私は、森のことについて皆目素人だったので、

「あんなふうに山を伐ったら、大雨が降ったとき、土砂崩れが起きるんじゃないんですか」

と集落の人たちに尋ねました。すると、彼らは「お前は何も知らないな」と笑うのです。そのときに私は初めて、杉などの常緑針葉樹は、幹や枝葉を切ると根っこまで枯れてしまいますが、イタヤカエデやミズナラなどの落葉広葉樹はそうではなく、根は生きていて、切り株から脇芽が生えてくると教わったのです。

皆伐をするのは、秋の終わり。初雪が溶けて、二度目の雪が降った次の日曜日に行われます。皆伐は当然、人力とノコギリだけで行います。木は重いので、麓まで雪の上を滑らせながら運び出します。集落に下ろした木は細かく切られ、乾燥のため、一年間薪として貯め置かれます。当時プロパンガスはありましたが、まだ多くの家でお風呂や暖房には薪が使われていました。一つの森を伐ると、集落70戸の人たちが1年間生きるエネルギー源となりました。

　では、皆伐した森はどうなるのでしょうか。

　翌年には切り株の脇から、新しく脇芽が生えてきます。木の新芽だけでなく、地面に日光が当たることにより、山菜のワラビも生えてきます。ワラビは放っておくと一日であっという間に大きく育って、翌日には固くなるので、土から生えてきたらその日に採って食べ、食べきれないものは塩漬けにして冬期の保存食にします。その後、2、3年経つと切り株から生えた脇芽が枝となり日陰になるのでワラビは生えてこなくなります。その代わりに、古い切り株の部分が段々と腐ってきて、さらに5年ほど経つとそこから一斉にキノコが生えてきます。

　そうして33年経つと脇芽がもとの太さまで育ち、その翌年、再び皆伐が行われます。集落の共有財産の森は33年に一度人々が生きるための大きなエネルギー源となり、そこから食料も生み出してくれる場所でした。

集落の人たちは、33カ所ある森の、今年はどこに行けば薪が採れる、ワラビが採れる、キノコが採れるということをすべて把握していました。それらの森は集落から歩いて大体1～2時間ぐらいの範囲内にあるので、女性や子どもでも採りに行けます。これがまさに、自分たちが生きていける範囲での森の利用方法です。集落の人々は、木が33年経つと元の太さに戻るという、自然の成長量の周期を学校で教わったわけではありません。森とともに長年暮らしていく中でその周期を見つけ、自分たちが持続的にエネルギーを得ていくシステムをつくり出したのです。

栗一町、家一軒

東北には「栗一町、家一軒」という伝承があります。栗の林を一町歩（＝1ヘクタール）持っていると、家一軒が餓死せずに食べていけるという意味です。鵜養を調べてみると、共有財産として70戸で70ヘクタールの栗林を持っていました。栗は2年に一度、人間が主食として利用できるぐらいの、多くの果実を収穫でき、その年には、1ヘクタールにつき約10トンほど収穫できます。

栗の収穫量を2年分（３６５日×２）で割り、さらに、昔は家族の人数が多かったので1家族を10人として10で割って、そこに栗の単位カロリーをかけると、1人当たり一日２１４０キロカロリーの熱量が摂れることがわかります。成人が餓死しない最低限の摂取カロリーは1日につき１５００キロカロリーですから、栗を収穫して長期保存しておけば、万が一、米が一粒も採れなくても1年は餓死せずに生きられたのです。

鵜養を訪れたことで、「一人も餓死者のいない村」の理由は、森の成長を熟知してエネルギーと食料を生み出していくサイクルと、栗林をはじめとする実が食用となる木々にあったことが分かりました。

後になって私は、この森の活用の仕方は、何も鵜養だけのものではないことを知りました。「萌《ほう》芽《が》更新《こうしん》」と呼ばれ、日本各地でエネルギーや食料を取るために同じような方法が行われていました。ただ、森のサイクルにかける年月は地域によって異なり、例えば、私が各地で聞いた限りでは、青森県の津軽半島あたりでは約40カ所の森で回していて、関東だと約25～30カ所ぐらい、関西では20～25カ所程度です。関西の方が回転が早いのは、緯度が低く、日照時間が長くなるためです。植物は太陽の光で成長するので、日照時間が長いほどその成長も早くなります。

現在、各国の大都市の多くが海の近くにあります。これは、港から海外・域外の物資やエネルギーを運び入れるのに便利だからです。しかし、かつて人間は自分たちが歩いて行ける距離の中で生活に必要なすべてのもの、特に食料・水・エネルギーを得なければ生きられませんでした。そのために、山や森といった自然を利用できる場所に住み着きました。鵜養もその一つだったということです。

鵜養は寒冷な秋田県で餓死者を出さなかった、本当の意味で持続可能な場所だったと言えるかもしれません。

森が与えてくれるもの

私たちは、都市や集落の周囲にある山や森林を、街や村と一体のものとして「里山」と呼んでいます。

現在、森に生える木は建材として使われるもの、というのが一般的な認識かもしれません。しかし、日本の暮らしの中では、先述した通り、森は長らく燃料や食べ物を生み出すエネルギー源として利用されてきました。搾取するのではなく、自然の成長量に合わせて循環させていった。それが日本の森との付き合い方の歴史でした。

共有林から得る薪は、自分たちが身体を動かして運べば取ってこられるので、ある意味でお金のかからない燃料です。しかし、現在のように運ぶための機械はなかったので、木を下ろすための労働を考慮すると、おのずと集落から一定圏内の森が選ばれます。すると、森に生える木の量によって使えるエネルギー量が決まり、その中で生きられる人間の数も決まります。つまり、自然が先にあり、その中で人間は自然の余剰物をもらいながら生きてきたのです。

薪は無料ですが、常にある程度、我慢を必要とする燃料でもありました。というのも、切り出したばかりの薪は水分を多く含んでいるので、家の前で1年間積んで乾燥させます。乾燥させることで、煙が出にくく燃えやすい薪になります。1年経ったら家の軒下に移動させ、使いやすい大きさに割って利用しました。また、木の成長量に合わせる必要があるため、今年の冬は寒そうだからといってたくさん木を切って薪を調達してしまうと、翌年以降の薪のための木がなくなり、寒い思いをすることになります。一度の欲望のしわ寄せは、次の年だけではなくずっと続くことになるのです。

森が人間に与えてくれるものは、他にもまだまだあります。

最も大きなものは「水」です。森は地下に水を蓄えます。木が地中に根を張りめぐらせ、土中の昆虫や微生物を繁殖させ、そこで水を浄化して少しずつ川に流していきます。生き物がつくり出す土の粒子は、どんなに日照りが続いた夏でも水を豊富に与えてくれますし、どんなに寒い冬でも水温は一定に保たれます。

また、森の落ち葉は「肥料」になります。下草や若葉の枝は牛馬の餌や寝床になります。牛馬は田畑を耕してくれる役割を担っていたので、森の植物はいわばトラクターの軽油に当たる存在でもあったのです。さらに、牛馬が寝床の上に排泄物を出したら、排泄物ごと出してまとめて置いておけば、やがて発酵して田畑の肥料となりました。

他にも、暮らしに必要な茅葺の屋根の材料、布を作るための繊維、縄の材料、薬の材料も森が与えてくれましたし、森の資源は現金収入のもとにもなりました。木の加工品や、木の繊維を漉いて和紙、木を焼いて炭などを作り、あるいは山菜を乾燥させて、人々は町へ売りに行ったのです。

森には動物が棲みつくので、動物性タンパク質も与えてくれます。クマやカモシカや鹿やウサギといった哺乳動物、それから川魚に鳥、昔は山椒魚も日本各地で食べられていました。まさに、山や森は、人間が生きていくための、ほとんどすべてのものを与えてくれる場所でした。

世代を超えて育てられた日本の森

日本は、ほぼ森でできていると言っても過言ではありません。

日本の国土を簡略化して表すと、一辺６００㎞×６００㎞の正方形とほぼ同じ面積になります。その中の５００㎞×５００㎞の正方形が日本の有する森林の面積に当たります。その森林は、燃料や食料として利用できる広葉樹林が約６割、スギやヒノキなど建材に適した針葉樹林が約４割という構成になっています。この豊富な森が持続的に日本人の暮らしを支えてきました。

日本の森は、世界でも有数の多様性を持っています。

それには二つの理由があります。一つは、日本海のおかげで大きな氷河が発達しなかったこと。日本の縄文時代は約１３０００年前から始まっていますが、同時代のヨーロッパはまだ氷河期でした。この差は、日本海に南から入ってくる暖流にありました。当時は現在の千島海峡が地続きだったため、日本海は暖流の湯たんぽを抱えたような状態だったと考えられています。そのため、氷河期の大陸から、現在の日本列島に当たる地域に生き物が集まりました。移動してきた動物や鳥などの身体に種子や花粉が付いたり風に乗ったりして、植物も運ばれてきたでしょう。大陸の自然が避難所のように集まってきたために、日本には多様性のある自然が作られたとも言えます。

日本の森が多様性を持つに至った二つ目の理由は、縄文の時代から人間が森の木に手を入れてきたことがあります。森の木を伐ることは自然破壊だと考える方がいるかもしれませんが、実は人が適宜伐りとってきたために、日本の森は多様性が維持されてきたのです。

どういうことかと言うと、常緑樹が成長して葉っぱを茂らせると、根元まで太陽の光が届かずに、成長の遅い木や背の低い木はみんな枯れてしまいます。そして、生物の多様性が失われた森となります。これは生物学では植生遷移と言って、更地に植物が生え始めて成長すると、次第に優勢となる木の種類が移っていき、多くは最終的には常緑の広葉樹だけの森、極相林になるとされています。

ところが、日本では縄文時代や旧石器時代から、人間が大きな木を薪や舟や建材にするために伐ってきました。そのために光が森の下まで差し込み、それによって小さい草木が残り、それを食べる動物や鳥も生息できた。人々が意識して森を管理したわけではないのですが、日々の暮らしの中で「人間の手による光のコントロール」が行われることで、森の多様性が維持されたのです。まさに人間と森は持ちつ持たれつの関係。人間が生態系の一部としての役割を果たすことによって、氷河期に得た多様性を現在までずっと持続してきたのが、日本の典型的な森なのです。

日本の管理されてきた里山の木々は、二酸化炭素の吸収能力が非常に高いこともわかっています。それは森を常に青年期に保ってきたからです。木の二酸化炭素の吸収量は幼木から成木の時期に一気に上昇しますが、その後は成長に従って減少します。適度なタイミングで伐ることによって根は生き続け若芽を成長させ、老木の森にならず、吸収量の高い状態を維持できるのです。日本人と森の付き合い方は、二酸化炭素の削減の観点から見ても素晴らしいシステムと言えるでしょう。

「仕事」と「稼ぎ」

木の一生は、数百年、数千年に及びます。対して、人の一生は長くて90年程度、その中で労働年数は30~40年ほど。つまり、人間がどんなに頑張っても一世代で森をつくることはできません。なので、森を持続的に管理しようとするならば、次世代につないでいくという意思と仕組みが不可欠です。逆に言えば、その仕組みがあったからこそ、日本の森は存続できました。

　では、その仕組みとは何だったのでしょうか。


　先ほども紹介した鵜養の集落の人から、私はこういう話を聞かされました。

「仕事と稼ぎの両方ができないと、山の中では一人前じゃないんだ」

　これを聞いたとき、私は「仕事」と「稼ぎ」の違いがわかりませんでした。すると、山に暮らすこの人は、

「稼ぎは、自分の家族を食わせるためにやること」

「仕事は、子孫に村をつないでいくためにやること」

と説明してくれました。山稼ぎとは、例えば、森林組合で植林をして日当をもらうことです。山仕事は、下草刈りや蔓伐り、枝打ちなど、木を育てて次の代につないでいくためのことです。その木自体を自分たちの代では伐ることはありませんが、子や孫の世代のためにさまざまな作業を行っておくのです。

　では、次の世代につないでいくための最も重要な「仕事」とは何か。聞いてみたところ、それは「祭り」だと答えられました。

　祭りを単なる行事の一つだと思っていた私にとっては、大きな驚きでした。集落の人は

こう話してくれました。

「その年の祭りが終わった翌日から、次の年の準備が始まる。みんなでお囃子や神楽の練習をして、縄を綯って結界をつくる。一年をかけて祭りをつくり上げる間に、年寄りから若い衆へ、この村で生きていくために必要なことや生き方が伝えられてきた。祭りは、生き方を教える場、今風に言えば、社会教育の場なんだ。それがないと村は続いていかないから、祭りが一番重要だ。祭りは一日だけじゃなくて、一年そのものなんだ。学校は知識を学ぶ場、祭りは生き方を学ぶ場だ」

そして祭りの次に重要なのが、「結《ゆい》」だと言いました。結とは、田植えや刈り取りなど、村のみんなが共同して行う作業のことです。みんなで作業することを通して、自然の中で人を育ててきたのです。

森を育ててきた人々は、数百年後の森のために「仕事」をしてきました。今を生きる自分たちに、金銭的には何の見返りもないけれど、数百年後の子孫の役に立つ。そこに価値を見出していたのです。

世代をつなぐシステムとしての祭り

では、村の暮らしでは、祭りをどのように伝えてきたのでしょうか。

大きな役割を担っていた場が、寄り合いでした。村の人たちが集まって、祭りをはじめとする村の中での物事が決められていきました。

現在の感覚だと会議のような場をイメージされる方もいるかもしれませんが、私が過去に見せてもらった寄り合いはそれとは全く異なるものでした。

私の学生時代のことなので、もう50年以上前、長野県佐久のある村でのことです。

今日は祭りの係を決めるのだと、神社の小さな集会所のようなところに夜7時頃に連れていかれました。集落の人たちも三々五々集まってきて、寄り合いが始まります。世話役の方が司会をして、「そろそろ祭りも近くなったので、誰が神楽を舞うか、縄を綯うか、役割をみんなで決めていきたいと思います」と挨拶をしました。

しかし、その後は司会も何もないのです。みんな隣の人と、ぼそぼそと雑談を始めます。

「もう一年経ったか」「そうだな、そろそろ祭りのこと、真剣に考えなきゃいけないな」

「お前は去年、会計やったのか。じゃあ今年は俺かな、あいつかな」

10分、20分経つと、だんだん祭りの話からずれてきます。

「今年の米の出来具合はどうだ」「お前のところで植えていた野菜はどこで種を買ったんだ」など、祭りと関係ないことをだべっていたら、夜の9時半くらいになっている。世話役が「じゃあ今日も遅くなりましたから、寄り合いはこれで解散という形で、明日も同じ時間にここに集まってください」と挨拶して、みんな帰っていく。

その帰り道、寄り合いに誘ってくれた人に「今日は祭りの係を決めるんじゃなかったんですか」と尋ねると、「まぁ、今日はまだ結論は出ないということだ」なんて言うのです。

その当時、私は大学生でしたから、物事を決めるなら黒板を前にして30分もあれば会議なんて簡単にできると思っていました。なぜその日のうちに祭りの役割を決められないのだろうかと不思議でした。

また翌晩、7時頃に集会所に行くと、みんなで集まってだべっているだけです。しかも、前日と違って司会の挨拶すらありません。

「そういや最近、お前の母ちゃん見ないけどどうした」「ちょっと具合が悪くてあそこの病院に入ってるんだ」「東京の大学に行った子どもはまともにやってんのか」

といった世間話が延々と交わされ、また9時半になると世話役の人が「どうもご苦労様でした。明日も同じ時間でお願いします」と言うわけです。若かった私は、その非効率さにだんだんと腹が立ってきました。物事を議論で決められずに、ただ時間を費やしているから日本の農村は発展しないんだ、などと思ったことを覚えています。

しかし、3日目にまた集まってみると、宮司さんと世話役の人が前に立って、今度は議論も何もなく、係が発表されていったのです。するとみんなは、そうかわかったとすぐに受け入れて帰っていった。2日間だべって、会議らしい会議もなく、いつの間にか役割が決まっていたことに、当時の私は驚き、呆れ返りました。

今考えると、この一見独善的で効率が悪そうな会合の意味が分かります。

寄り合いの初日と2日目の、祭りと関係がないように思える雑談は、集落の人の家族の状態、田畑の状態など、お互いの暮らしの状況を知るための時間でした。互いの現況が手に取るようにわかった上で、決め事がなされていったのです。

集落みなの暮らしの状況や考え方を共有することができれば、言葉を介さなくともお互いを思いやりながら、村の運営を進めることができる。何をするかではなく、どんな思いで協働できるかを重視していた、いわば暮らしの縁側を確認する場が寄り合いです。そのためには場の共有だけでなく、ある程度の時間が必要と思われていました。効率性より、共有する時間を重要視した世界です。そのような寄り合いで物事が決められていく過程は、〝寄り合い民主主義〟と呼べるものではないかと思います。民俗学者の宮本常一《つねいち》も

『忘れられた日本人』で、本来の寄り合いの意味を対馬仁田村の合意形成の仕組みを例に書いています。

現代の私たちは、認識したものを思考し、言語化し、行動に移しています。試験や会議、ディスカッションも、これら言語化された思考によって行われます。私たちは頭で考え、言葉にすることで物事を理解し、わかり合えると思っています。逆に言えば現代社会では、それ以外のコミュニケーションは存在しない（あるいは一段低いものとして見られる）ことを前提にシステムが成り立っています。

しかし、私たちは言語化されない感覚や暗黙知も持ち合わせています。それらは、教育学や経済学の分野から注目され始めたものですが、非認知能力と言われています。非認知能力は、意欲や協調性、忍耐力、コミュニケーション能力に関係し、集団行動での経験の中で養われることが多いとされています。時間と場、構成する人や自然との交流の中で、身体的な経験を通して培われる能力です。

その意味で祭りはまさに、非認知能力を養う場です。準備や練習の中で、同じものを見て、同じように身体を動かして、祭りを担っていく。この過程で人々は感覚や価値観や経験を共有し、それによってコミュニティが維持されてきたのです。例えば役割決めにおいても、各人の論理立った意見は必ずしも必要ではなく、傍から見れば「なあなあ」で決められていました。しかし、それは論理的な言葉が介在していないだけで、当人たちからすれば、前提となる考え方や暮らしの現状認識が共有された上で、ある意味「論理的に」民主的なプロセスで決められたものだったのです。そのことに、私はこの年齢になって改めて気づかされました。

２０１１年の東日本大震災の後、被災地では復興のために祭りの再開が望まれましたが、費用対効果が望めないという理由で、祭りには復興支援予算がほとんど割かれませんでした。確かに、地域の祭りはビジネスのようにお金が生まれるイベントではないかもしれません。しかし、わかりやすい利益の外側の部分で、集落の人々の心をつなぎ、コミュニティや価値観を維持してくれるものです。震災の例をとっても、お金だけを物差しにした資本主義社会の限界を改めて認識させられました。

江戸という循環型都市

ここまで、里山で送られてきた循環型の暮らしについて説明してきました。

人々は森に入る光を調整しながら、自然の成長量を持続的に利用し、また、村はその価値観を受け継ぐ仕組みも備えていました。

ただ、日本の循環型社会は里山の生活にだけ存在したものではありませんでした。大都市と呼ばれた江戸でも、限られたエネルギーを無駄なく使う生活が実践されていました。

一口に江戸時代といっても、２６０余年の長きにわたります。徳川家康が江戸幕府を開府して数年後の１６０９（慶長14）年頃の江戸の人口は、約15万人と記録されています。その後、江戸の人口は増加を続け、１７２１（享保６）年には町人が約50万人となり、武家や寺社の人口を合わせると１００万人にのぼったとされています。〝１００万都市〟とも称される江戸は、当時、世界有数の人口が住む大都市でした。

当然、その頃はまだ化石エネルギーも使われておらず、発電所もありません。燃料は炭や薪やイワシから搾った油、ナタネやハゼなど植物性の油といった、自然からもたらされるものでした。また、鎖国しており海外の物資に頼ることもできないので、エネルギーも食べ物も国内の、近場から求めることになります。

そのために採用されたのが、人間の排泄物を肥料として田畑に戻すという循環システムでした。

もともと、関東平野は関東ローム層という富士山の火山灰や風塵に覆われた不毛の地でした。そのままではとても１００万人の人間を養うほどの収穫は望めません。その不毛な大地を豊かな農地に変えるために最も重要な有機質肥料だったのが、人間の排泄物でした。当時人間の排泄物は金銭を払って買われていました。一番高かったのは加賀藩の上屋敷のもので、要するに一番良いものを食べていたということです。実際にその肥料を使う農民たちはどこの肥料が一番効くかをわかっていて、それに応じて買い取り価格がつけられていました。それほど廃棄物そのものが重要な資源として認識されていた社会だったのです。

　そもそも、ゴミへの認識も現在とは異なっていました。江戸時代の世帯あたりのゴミの量を人口から算出すると、一日のゴミの量（長屋に住む一世帯当たり）は、手の爪半分程度の量であったとされています。現代の家庭から出るゴミと比べると、その少なさに驚きます。なぜそれほどゴミが出なかったかというと、徹底的に物を使うという価値観をみんなが持っていたからです。鎖国をしていた日本には外から物が入ってこないため、現代で言うところのリユース、リデュース、リサイクルが市民の当たり前の感覚でした。そのため、おのずと修繕が職業としても立ち上がってきます。江戸の町人の主な職業は修繕業やリサイクル業でした。鍋の穴を修繕する焼き継ぎ屋、下駄のすり減った歯を交換する下駄直しなど、修繕業は３０００種にのぼったとも言われています。職人は、物をどれだけ人間にとって有用に加工できたかを競い、庶民は、その物をどれだけ長く使えたかがモラルとなっていました。今日重要視される労働生産性ではなく、いわば、〝資源生産性〟を目指す社会であったと言えます（資源生産性については終章で詳しく述べます）。

このように、江戸の町では排泄物は肥料として近郊の田畑に戻され、ゴミの量も少なかったために、川の水も綺麗に保たれていました。大都市の中を流れていたにもかかわらず、隅田川では花見の時期に屋形船でシロウオの踊り食いが行われていたと言います。それほど水が綺麗だったのです。

一方、同時代19世紀のフランスではパリのセーヌ川で渡し船が転覆して３００人近くが亡くなる事故がありました。その死因は、メタンガスによる窒息死でした。当時のパリでは、下水道施設はあったものの、そこに集められた排泄物が処理されずにセーヌ川に流されていたため、水が汚染され、メタンガスが発生していたのです。そうして川に投げ出された人々は窒息死してしまいました。江戸とパリ、同時代の川の違いを知ると、日本の循環システムの恩恵がよくわかります。

この江戸型循環システムは遠い昔のものに思えるかもしれませんが、私の子どもの頃にもまだ当たり前にありました。東京オリンピック後の１９６０年代後半、家族と渋谷のデパートで食事をとっていると、外の道路に、排泄物を運ぶ大八車（木製の荷車）が通っているのが見えました。鉄や銅を、有料で回収するゴミ屋さんもいました。日本人が循環型システムを捨ててしまったのはごく最近のことなのです。

自治、節度、責任を持った「大人の社会」

もう一つ、江戸時代の社会で特筆すべきことがあります。それは人々が責任を持って生きていたということです。

江戸時代の人口の7～8割は農山村に暮らしており、そこでは地域の名主を中心とした自治によって成り立っていました。

それは大都市・江戸でも同様でした。町ごとの自治が機能していたため、１００万人規模の都市でありながら、奉行所の役人の数は３００人に満たなかったようです。町奉行は今でいう警視庁と裁判所、都庁の役割も兼ねたような公的機関です。現在と比べると、役人の数の少なさに驚かされます。なぜこのような少人数での行政が可能だったかと言うと、町奉行の下に町年寄や町名主がいて、彼らがそれぞれの地域の自治運営を担い、町内の揉め事の調停などを行っていたからです。町名主の下では、家主や大家が自分の店子の面倒を見たり、詰め所で交代しながら警備を務めたりと、より小さな規模の自治も行われていました。現代に置き換えると、警察や裁判所に連絡する前に、より身近な町内会で自分たちの小さなトラブルは解決していた、ということになります。

江戸末期に東京から北海道までを旅行したイザベラ・バードは、『日本奥地紀行』で、奥会津での体験を次のように記しています。

ほんの昨日のことであったが、革帯が一つ紛失していた。もう暗くなっていたが、その馬子はそれを探しに一里も戻った。彼にその骨折り賃として何銭かをあげようとしたが、彼は、旅の終わりまで無事届けるのが当然の責任だ、と言って、どうしてもお金を受けとらなかった。

（『日本奥地紀行』イザベラ・バード、高梨健吉訳、平凡社ライブラリー）

当時の欧米社会では、責任とは貴族や資本家が持つもので、労働者階級は責任を持つ必要はありませんでした。ところが、日本では当時の身分としては最下層の馬引きでさえ、「この仕事をすることは自分の責任だ」と己の責任に言及したことにイザベラ・バードは驚いたのです。

日本における責任という概念はどこから出てきたのでしょうか。おそらく『論語』を中心に江戸期に普及していた道徳的価値観が、寺子屋も含めた社会教育の中で普遍的に伝えられ、社会の中に組み込まれていたのではないかと私は思っています。江戸時代は、行政も民間も公共を担い、みんなで社会をつくるという考えに基づいた、個人の欲望の暴走を抑えることができる社会システムを持っていました。階級を問わずに自分の役割に責任を持つ「大人の社会」と言えるものだったのです。

だからといって、抑圧された貧しい社会だったわけではありません。江戸時代には歌舞伎や浮世絵、貸本屋など、様々な文化や娯楽が花開きました。その高い芸術水準からも、人々が過剰な束縛をされず、創造力を発揮できたことが窺えます。

「温かい社会」から「冷たい社会」へ

自然の中で資源を循環させ、人々の責任感、地域の自治によって成り立っていた江戸時代から150年以上が経過しました。私たちの暮らしは徐々に変わり、「人と人の関係」の在り方も大きく変わりました。持続可能な社会を支えていた人と人の世代を超えたつながりは現在、大きく揺らいでいます。一言で言えば、温かい社会から冷たい社会へと変わりつつあると感じます。

先述の鵜養には雑貨屋さんがあり、朝8時半ぐらいになると、村中のおばあちゃんたちが集まってきて茶飲み話をしていました。

みなさんたまにはお菓子を買いますが、基本的には村の集会所として機能しています。そして、夕方の5時半ぐらいになると、職場や田畑から帰ってきたお父さんたちがここに寄ってカップのお酒を一杯飲んで、家に帰っていきます。

この雑貨屋さんではいろいろな情報が交換されます。「うちの姪っ子が、今度大学に入るから何かお祝いを送んなきゃいけない」「あそこのかみさんが今日市内に行くって言ってたから、頼みゃいいさ」といったやり取りが交わされ、ある意味村の中のＳＮＳのような機能を果たしています。もし、誰かが集まりに出てこなかったら、必ず誰かが見に行きます。病気で寝込んだらみんなで役割分担をして、世話を交互にしていきます。みんながお互いを見守っているので、この集落で孤独死はありません。都会で暮らす私からすればありがたい、温かみのある社会に見えます。

しかし、鵜養に住む高校生たちは「この村にはプライバシーがない。一刻も早く東京に出て行きたい」と言います。確かに、みんなが見守り合う温かい社会には、煩わしい人間関係も必ず付いてきます。この〝煩わしいけど温かい社会〟が、農村の暮らしなのです。

そもそも、かつて日本のほとんどは農民や百姓と呼ばれる人々で、みながこの〝煩わしいけど温かい社会〟で生きていました。明治初年度の人口調査では３３００万のうち３０００万人、つまり９割がお百姓でした。農山漁村に住み、作物を作ったり、魚を獲ったりしながら、自分の家族や自分の住んでいるコミュニティで生きていました。自然の成長量に合わせて生きていく集落では、当然、人が自然に合わせることになります。自然は誰にでも共通で、平等で、公平です。季節のテンポに合わせて、食料を得てきたのが農村の暮らしです。

農村は、いわば同業者の集まりで、みなが同時期に田植えをして、同時期に稲刈りをしていく。全員が同じことをして暮らしているため、自ずと共同体の結束も強くなるわけです。共同作業をして生きていくためには同じ価値観を共有することが大切なので、その中で個はあまり確立されなかったのだろうと思います。

一方、現在私を含め多くの人が、都会的な〝個の社会〟で暮らしています。お金さえ払えば、楽しく便利な暮らしが送れます。行政のサービスも生活インフラも完備されていますし、何でもお金で済ませることができます。しかし、お金を持たずに東京で暮らすのは大変なことです。

また、都会に住むのに慣れてくると、当然のように自分たちをサービスの享受者だと思うようになります。もし大地震や洪水が起こっても、自衛隊が食べ物や水を持ってきてくれるだろうと思っています。いわば、行政サービスのお客さんです。お客さんなので、能動的に知ろうとすることがありません。自分の隣に住んでいる人の顔を知る必要も、挨拶をして人間関係を築いていく必要もないと思っています。プライバシーが尊重され、便利な社会ではありますが、人間関係はとても冷たいです。

そんな現在の社会は、無縁社会と称されます。「今だけ、お金だけ、自分だけ」という社会です。人と人、世代間のつながりは切れ、価値観が共有されず、みんなが自分のことだけを考えるような社会です。その中では自然も自分とは関係ないものと見なされます。かつては世代間をつないできた祭りも、外からのお客さんも参加して楽しむイベントの色合いが強くなっています。そしてコロナ禍以降は、数百年続いてきたような祭りが中止となり、そのまま復活することなく途絶えるケースも出てきました。あるいは岩手県の蘇民祭のような千年以上続くとされる祭りが、担い手不足によって終わってしまうことも出てきています。

このような社会をつくったのは、筆者たちの世代です。私自身も若い頃は、社会の進歩とは、暮らしの中での煩わしさを捨てていくことだと思っていました。そして合理性や経済性、効率性を重視して、便利な社会とサービスをつくることに取り組んできました。江戸期のような資源生産性ではなく、労働生産性を追い求めた世代です。

しかし、今になってわかるのは、幸せをつくるために重要なのは、人と人との関係性だということです。煩わしいと感じる人間関係と、ありがたく温かいと感じるコミュニケーションは、コインの裏と表だったのです。私はずっと、この煩わしさを捨てていく社会をつくれば、ありがたさと温かさだけが残ると思って働いてきました。ですが、煩わしさを捨てることは、温かさも一緒に手放すことだったのです。

持続可能な社会は「関心」から始まる

いや、現代社会には国境を超えたつながりがあると言う人がいるかもしれません。

確かに、インターネット、そしてＳＮＳが登場したことで、何百、何千、何万人と、対面しなくとも人とつながることができるようになりました。

それでも、実際に人と会うことで得る情報量は圧倒的です。文字で送る「おはよう」の情報量は８ビットなのに対し、対面で２秒間相手の顔を見て「おはよう」と言うと、視覚情報だけでおよそ７３７０万ビットの情報が取り交わされます。「おはよう」と挨拶するだけなのに、なんとなく相手の機嫌や、身体の具合が悪そうだなとか、今日はとても声が明るいなとか、言葉以上の情報も入ってきます。

ネット上では自分の言いたいことだけを言えるので気楽ですが、そのコミュニケーションだけで持続可能な社会がつくっていけるとは私には思えません。

人間は肉体を持っています。デジタルのつながりはネット上で無限に広がりますが、自分という存在そのものは肉体で規定されています。ＳＮＳ上の関係を可能にしている電気やシステムも無限ではないので、例えば電気の供給が止まれば途絶えてしまいます。無限に広がるように思えるネット上のコミュニケーションも、実は危うい均衡の上に成り立っている、儚いつながりとも言えるのです。

他人と関わるのは煩わしいことです。東京では他人がそばで困っていても、手を貸そうとしないとよく言われます。

変に関わると面倒くさいから無視をするというのは、私は、愛の枯渇した状態なのだと思います。マザー・テレサの言葉に「愛の反対語は憎しみではなくて、無関心だ」というものがあります。現代に生きる私たちは、様々なことに無関心になりました。しかし、無関心から持続可能な社会はきっと築けないだろうと思うのです。

マザー・テレサの言葉から考えれば、現代の無縁社会の対局にあるものは、「興味を持つ」ことです。もう少し、お互いが、お互いを見て興味を持つ。あるいは自然、次の世代に興味を持つ。そこからすべてが始まります。興味を持つのは、それほど難しいことではありません。興味を持つことで、相手のことを考えるようになります。相手のことを考えることで、共感が生まれます。お互いが共感を持つことで、分かち合うことが始まります。それが温かい社会、幸せな社会への第一歩だと思っています。

私たちは一人で生きていけませんし、幸せにもなれません。仮に、家から一歩も出ずに稼いでいるという人がいたとしても、パソコンの先には取引先がいるし、食べ物や生活用品を配達してもらっていることで、その暮らしは成り立っているはずです。

私たちは地球で育まれたものを食べ、住処を作り、エネルギーを得ています。それは未来もきっと変わることはないでしょう。この有限な地球で生きていくしかないからこそ、持続可能な社会を、お題目ではなく、本当につくらなければなりません。

本章では持続可能だった暮らしの一例として鵜養や江戸の暮らしを紹介しましたが、都会が悪くて田舎が良い、あるいは今がダメで昔が良かった、という話ではありません。

過去に学んだ上で、これからの持続可能なかたちを模索していく必要があるということ、その模索こそが、地球の未来を希望あるものに変えていける根本的な解決方法だと私は信じています。

第4章

里山の資本主義とは何か

私たちの先祖が続けてきた暮らし。その中では、森からエネルギーや食料など、必要なものを持続的に得る仕組みが作られていました。何世代にもわたって続けられてきたその営みは、まさに持続可能な暮らしと言えるもので、脱炭素社会への暮らしの転換が求められる今、大いに学ぶところがあるように思えます。

私たちは、高度経済成長期以降、約60年をかけて森から離れていきました。木材よりも、石油の方が効率よくエネルギーが得られます。国内では食料を作るよりも、付加価値の高い工業製品を作る方が効率的です。エネルギーも食料も、多くは海外に依存するようになりました。グローバル経済の中でエネルギーや食料を外から調達すれば生きていける。私たちは急速に身近な森への関心をなくしていきました。

全国各地には、放置され荒れてしまった山林が多くあります。その森を共同で守って活用してきた村の人々同士のつながりも薄れ、〝便利だけど冷たい社会〟へと変わりつつあります。村も、都市のベッドタウンへと変化しました。

私は、前章で紹介したような里山の暮らしや江戸の暮らしを知ったことで、持続可能な未来を実現するために地域づくりに取り組んでみたいと考えるようになりました。私自身が岡山県で関わってきた取り組みは「里山資本主義」と呼ばれて注目を浴びるようになり、２０１３年には藻谷浩介さんとＮＨＫ広島取材班による同題の本がベストセラーとなりました。

里山資本主義は、一般的には「地域の自然を地域内でエネルギーとして活用することで、お金の外部流出を防ぎ、地域内循環を生み出す仕組み」と認識されています。ただ実は、里山資本主義の核にあるのは「地域の人々のつながりづくり」なのです。

もう少し、具体的に見ていきましょう。

「里山資本主義」を実践する真庭市

私にとっての「里山資本主義」の舞台は、岡山県真庭市です。

真庭市は岡山県の北部に位置し、中国山地の山あいのエリアです。面積は東京23区の１・３倍（８２８・５㎢）ですが、人口は約4万人と、東京23区の２３０分の１です。

私がここに通い始めたのは１９９７年のことです。ハウステンボスの関係者の紹介で地域づくりの講演に行ったのがきっかけでした。交通網の発達によって、地域の経済圏がストローのように都市に吸い込まれてしまうことをストロー現象と言いますが、まさに当時の真庭市は、中国道や岡山道など、高速道路の開通にともなって過疎化が予想されていました。産業も農業や製材業などが中心で、あまり大きな規模ではありませんでした。

「里山資本主義」の取り組みは、そんな真庭が生き残っていくために、地域内の資源をもう一回見直し、それに最先端の科学技術を結び付けることで、新たな地場産業ネットワークをつくれないかという発想から始まりました。

現在真庭市では、道路の整備や山の管理の中で間引かれた木や枝、また、製材業から出る木クズをエネルギー源とした「木質バイオマス発電」が行われ、熱源としての利用も含めると地域で消費するエネルギーの6割強が地産されています。2015年に稼働した発電所では、約2万2000世帯分の電力を供給するようになり、市内バイオマス産業による経済効果は年間約52億円に上ります。試行錯誤の結果、現在では国内でも有数のエネルギー革命を起こしたとされています（中にいる人間としては、溺れないようにもがき苦しみ、まだそのもがきは終わっていないというのが実感ですが）。なぜこのようなことが可能になったのか。その活動を振り返ってみます。

「売れない」山をどうするか

真庭市は、約79％が山林で覆われた地域で、豊富な木材資源があります。古くから真庭市のある中国地方の山間部では、広葉樹の森と砂鉄を利用して、奈良時代から「たたら製

真庭市の中心部を流れる旭川

鉄」が行われてきたと言われています。これは、映画『もののけ姫』でも描かれた製鉄の技術です。砂鉄は酸化鉄なので、木炭と一緒に炉に入れて燃焼させることで、純度の高い鉄が取り出せます。大量の木炭が必要となるので、中国地方では山林を計画的に伐採し、再生させる仕組みが整えられました。中国地方の山側には、森と鉄によって生活が成り立ってきた地域が散在していました。

しかし、明治になると、西洋から高炉法という石炭やコークスを使用した製鉄技術が導入され、たたら製鉄業は衰退しました。その後も木炭の需要はあったものの、戦後普及した石油に取って代わられました。戦後の復興期には建材の需要が高まりましたが、昭和40年代には輸入の自由化により海外からの安価な丸太が使われるようになり、昭和50年代には林業と製材業の勢いが衰えました。１９９０年代の真庭市も、この流れの中にありました。

私が真庭に通い始めた当時、夜になると私の宿泊施設にいろいろな方々が訪ねてきて、異口同音に仰ったことがありました。

「渋沢さん、山が好きなら貰ってくれないか。タダで良いから」

グローバル化によって、建材にするために60〜70年かけて育てた杉の木も、一時期は１本あたり2万円ほどで売れていたのが、７００円や８００円程度にしかならなくなっていました。それでは誰も山を育てる気にもなりません。木の運送費を引いたら、手元には一銭も残らないばかりか、場合によっては赤字になってしまいます。まして、相続税は売れない山にもかかってきます。「こんな負の財産を自分の子どもに負わせて、その上に相続税まで払わせたくない」と、たくさんの方々が私のもとを訪ねてきたのでした。

当時地元の製材業の会社は30社を超えていましたが、建材や木材製品までがすでに輸入に頼るようになっていました。この負の財産と思われていた山と木、そこに依存している産業をどうやったら価値ある資産にできるかを、地元の人間だけでなく、外の人も含めた課題意識を持った人たちで考えようということで、すべてが始まりました。

図1　真庭市の地域振興

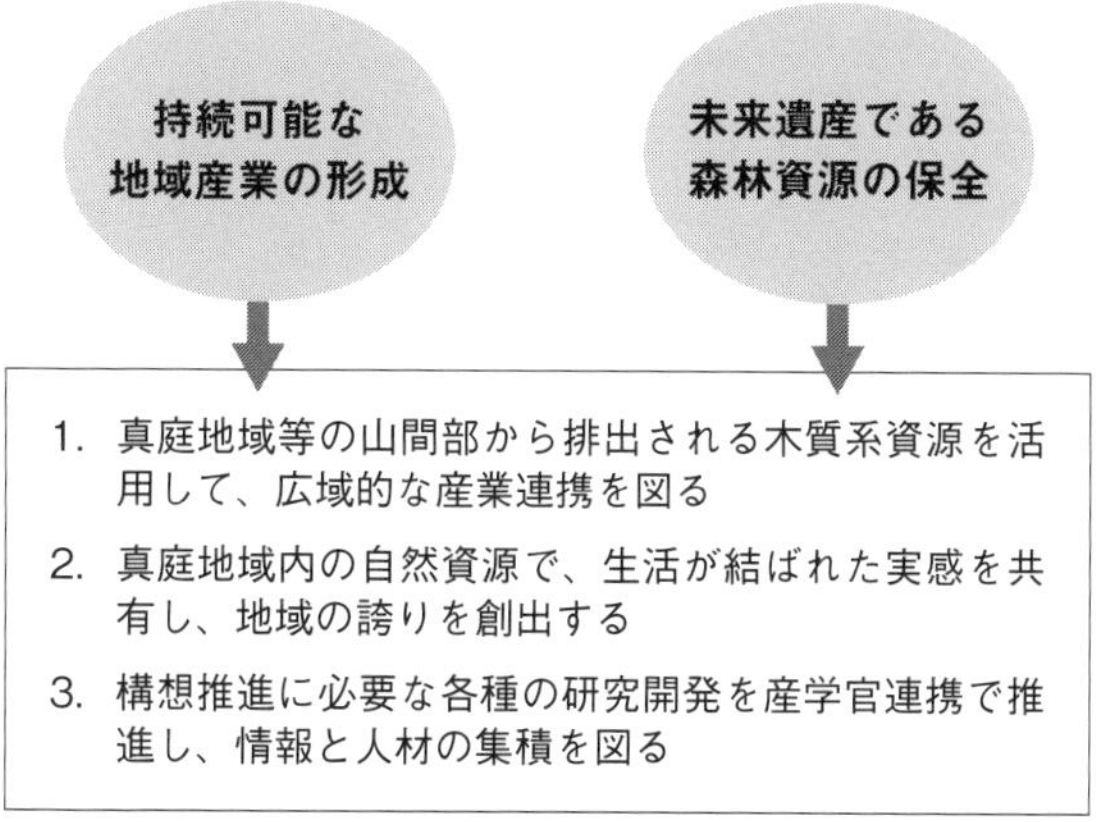

最初の頃に開かれたシンポジウムの報告書では、真庭の地域振興を進めていく上での二つの目標を掲げています。（図1）

一つは「持続可能な地域産業の形成」。つまり地域産業がお互いつながりを持ちながら生き残っていくことを目指しています。もう一つは「未来遺産である森林資源の保全」。真庭の森林の資源を見直して、子どもたちの時代には有効な価値にふたたび変えていこうということです。

この二つの目標を、さらに三つの具体的な内容に落とし込みました。

一番目が「真庭地域等の山間部から排出される木質系資源を活用して、広域的な産業連携を図る」。要するに、山林を中心とした産業連携のクラスターをつくりたいというのが、当時の社会や中央官庁に向けてのメッセージでした。二番目が市民の声をまとめたもので、「真庭地域内の自然資源で、生活が結ばれた実感を共有し、地域の誇りを創出する」。これは、自分たちの祖父や親父が植えて育ててくれた木が負の遺産になっている状況を受けてのものでした。今の自分たちの暮らしを成り立たせてくれている先祖の仕事に価値を見出し、未来を生きる子どもたちの誇りにしたいという願いが込められたものです。

そのためには広く人材を集めなければならない。そこで三番目が「構想推進に必要な各種の研究機関を産学官連携で推進し、情報と人材の集積を図る」。仕組みをつくっても地域は変わりません。未来の地域を担う人材をいかに集め、いかに育てるかが課題だという認識を示したものです。

活動が始まった当初は、行政は木質資源を中心とした地域づくりには懐疑的でしたが、人々が真庭で暮らし続けていくことが目標だという点では民間事業者とも一致していたように思います。

13年後の一日を具体的に描く

真庭では、1993年から「真庭塾」と呼ばれる勉強会が民間有志20名程で続けられてきました。1997年に、5年間にわたる勉強会のまとめとして、参加者たちが『2010年の真庭人の一日』という冊子を作りました。

この冊子は、真庭に住む架空の5人の家族の、13年後の秋の一日をまとめたものです。真庭が生き残るために地元の人たちが考えたものでした。

この中の一部をご紹介しましょう。

造り酒屋の辻さんという人の2010年の一日です。


私、造り酒屋の均ちゃんですが、私の酒蔵では、10年ほど前から、タンクを洗う洗剤に、環境負荷の低い砂糖を原料としたものを使っている。

そんな私も、今年60歳の大台になり、頭はもともと白かったが、最近ではすこーし耳も遠くなってきた。それでも、真庭の川のせせらぎは、なぜか鮮明に聞こえる。

そして、毎年この季節になると、真庭の山や川、そして街角から、元気のいい子どもたちのとってても楽しそうな声も聞こえてくる。（……）子どもたちに人気なのが、冬季の温水プールである。これには地元の製材業の自家発電による、電気と蒸気が使われている。


（『真庭地域からの提案～2010年の真庭人の1日～』）

これらは一見、何気ない日常を描いているように思えます。ですが、川のせせらぎが聞こえてくるためには、護岸をコンクリートで固めてはいけませんし、瀬と淵がなければなりません。また、温水プールは、製材所の出した端材をエネルギーにしたものです。ここに描かれた未来の一日は、非現実的な夢ではなく、現実的、具体的に描かれた日常でした。

仮に、「13年後の地域社会のあるべき姿」といった抽象的なコンセプトを考えていたなら、現在の真庭はなかったでしょう。抽象的なコンセプトとは、「環境にやさしい町」「福祉の町」「観光の町」といった、全国どこの地域でもよく見かけるような標語です。

しかし、真庭の勉強会の参加者は、「真庭に住む５人の家族の１日」という、ディテールを、具体的な形で想像したのです。今日明日がわからない暮らしの中で、13年後など夢物語で思いつくことなどできない、と考えられるかもしれません。ただ13年後、全員が13歳、年を取ります。小学６年生だった子どもは25歳、すでに多くが社会人となっています。13年後の街の姿は、背景の山々は、みなで食卓を囲んでいるかどうか、と考えながら、彼らは未来の一日を勉強会の知見をもとに書き上げました。

私はこれを読んだときにとても驚きました。そして、真庭に惹かれたのです。

会社を設立し、経営するときに一番大事なことは、ディテールの積み上げです。コンセ

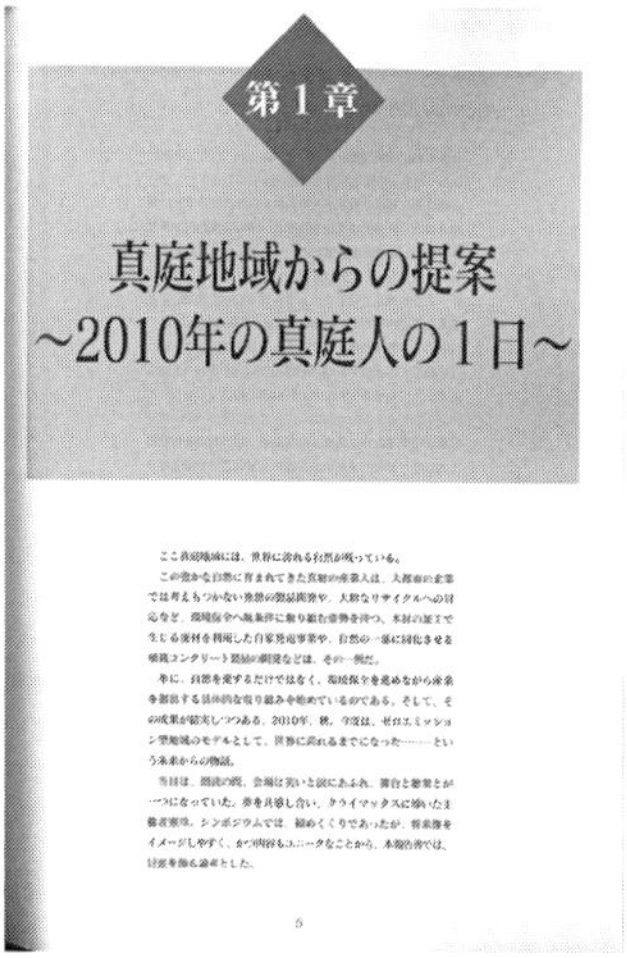

第1章

真庭地域からの提案 ～2010年の真庭人の1日～

5

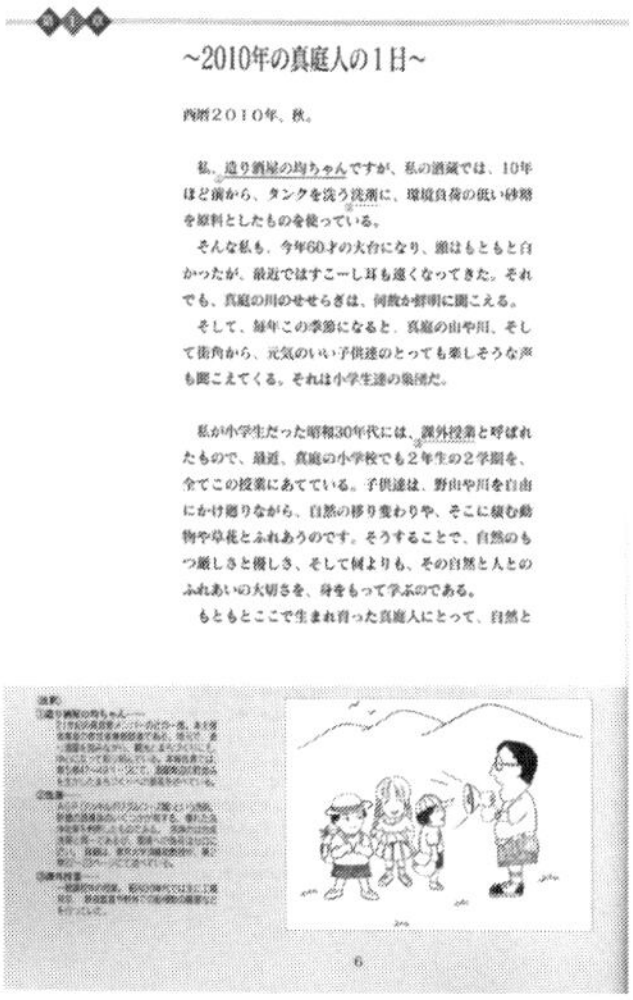

～2010年の真庭人の1日～

西暦２０１０年、秋。

私、造り酒屋の均ちゃんですが、私の酒蔵では、10年ほど前から、タンクを洗う洗剤に、環境負荷の低い砂糖を原料としたものを使っている。

そんな私も、今年60才の大台になり、頭はもともと白かったが、最近ではすこーし耳も遠くなってきた。それでも、真庭の川のせせらぎは、何故か鮮明に聞こえる。

そして、毎年この季節になると、真庭の山や川、そして街角から、元気のいい子供達のとっても楽しそうな声も聞こえてくる。それは小学生達の集団だ。

私が小学生だった昭和30年代には、課外授業と呼ばれたもので、最近、真庭の小学校でも２年生の２学期を、全てこの授業にあてている。子供達は、野山や川を自由にかけ廻りながら、自然の移り変わりや、そこに棲む動物や草花とふれあうのです。そうすることで、自然のもつ厳しさと優しさ、そして何よりも、その自然と人とのふれあいの大切さを、身をもって学ぶのである。

もともとここで生まれ育った真庭人にとって、自然と

6

『真庭地域からの提案～2010年の真庭人の1日～』より

プトは、どこかで迷ったときに立ち返るもの、いわば憲法の前文のようなもので、会社の進むべきベクトルとも言えるものです。

一方、ディテールは会社の骨組みとも言うべきもので、いくらコンセプトが立派でも、ディテールがなければ人々は協力してはくれないし、事業は絵に描いた餅になってしまいます。まさにディテールは会社の事業計画書と呼べるものかもしれません。『２０１０年の真庭人の1日』には、13年後のある日の彼ら（自分たち）の暮らしという、ディテールが描かれていました。普通に生きていたらまず考えることのないであろう13年後の日々の暮らしや、地域の景色、産業のかたちを、勉強会の参加者たちは、自分事として想像したのです。

ある日、この中のメンバーの一人が、「自分たちだけではこの13年後の未来の一日を実現させるのは難しい。一緒にやりませんか」と東京の私の事務所を訪ねてこられました。それが１９９７年のことでした。それからずっと、真庭とのお付き合いが続いています。

２０１０年になったとき、みんなで『２０１０年の真庭人の1日』を読み直してみたら、内容の約8割、ひょっとすると8割5分くらいが現実のものになっていました。

私は地域づくりについてつくづく考えさせられました。地域づくりとは、東京からエライ学者が来て指導してくれるものでも、行政が引っ張っていってくれるものでも、コンサルタントが進めてくれるものでもない。地域づくりの基本的なビジョンは、そこに住んでいる人たちの頭の中にあるのです。それが単なる夢ではなく、ディテールの積み重ねとなったとき、地域の人々が考えていることが、そのまま未来になっていくということを、真庭で実感したのです。

地域ぐるみの「ゼロエミッション」

その後、真庭塾のメンバーが中心となり、ゼロエミッションを目標に活動を始めます。ゼロエミッションとは、リサイクルや排出量縮減を通じて廃棄物を限りなくゼロに近づけ、それでも残った廃棄物を、次の事業の資源とすることで循環型の社会を構築することを指します。江戸時代に人々が目指した社会づくりです。真庭では、山の木をすべて資源に変えていけるような社会をつくりたいという思いからスタートして今日まで続いています。

真庭にはもともと製材所が約30カ所あったので、製材の際に出てくる端材や、おがくずを活用することから始めました。それらはもともと、製材所の庭や焼却炉で燃やされていたゴミでした。

まず私たちは、お金にならなくてもいいので、木のゴミからありとあらゆるものを作ってみようと試みました。炭や木粉、道路の法面用のコンクリートにチップを混ぜた、土に還る吹付材、猫砂（ヒノキのおが屑と珪藻土を混ぜたペレットで、猫を飼うときの排泄用の砂）、ヒノキのオイルの芳香剤、プラスチックの代替品となる生分解素材（微生物の働きによって分解される素材）、アルコール、ストーブ用のペレットなどなど、ありとあらゆる可能性を検証しました。その実証実験の中でわかったことは、石油からできるものはすべて、木材からも作ることができるということでした。

ただ、新たな事業として起業するにはコストに見合わないため、断念したものも多数ありました。木材は天然由来でかさばり、品質は必ずしも均一ではありません。横に並んで生えている同じ品種のヒノキでも、含まれているヒノキチオールの量は一本一本異なります。一方、石油は均一で、なおかつ少ない量に多くのエネルギーが含まれています。石油を原料とするプラントを、木材にすぐに当てはめることはできないのです。

さまざまな可能性を検証した私たちの実験は、ムダに思えるかもしれません。ですが、私にはゼロエミッションには〝逃げ道〟が必要だという確信がありました。

「完璧な循環システム」の失敗

というのも、私自身、過去に失敗した経験があるからです。

それは、大学院生の頃に知人に誘われて「４次元農法」という会社の設立に関わったときのことです。今では考えられない話ですが、当時は、北関東では稲刈り後、稲藁をすべて田んぼで燃やしていました。その大量の煙が原因で、関越自動車道では事故が多発するようになっていたのです。そこで、私たちの会社では稲藁を燃やさずに処分する方法を考え、稲藁を分解させる過程で連鎖的に商品を生み出していく一筆書きのビジネスに辿り着きました。それは次のような内容です。

稲藁にはリグニンという成分が多く、そのままでは牛は消化できません。なのでまず蒸気で殺菌した稲藁に、リグニン分解酵素とシメジの菌を植え付けます。１～２ヶ月の間にリグニンは分解され、シメジが成長してきます。それを収穫し、その売上で稲藁を保管する倉庫の諸経費を払います。分解酵素が働いた後の稲藁は牛の餌になり、それで育った牛肉を出荷します。

牛の寝床にはおがくずが敷いてあります。おがくずには脱臭機能があり、その上に牛が大量の糞をするので、毎日交換しますが、捨てることはしません。一カ所に積んでおくと発酵して素晴らしい堆肥になるためです。さらに、そのおがくずと牛糞の中でミミズを飼いました。ミミズの糞は、盆栽のための上等な肥料になるからです。ミミズは地表で糞をするので、数ヶ月して堆肥が熟成してくる頃に、上にはミミズの糞の層ができています。そのミミズの糞だけを集めて盆栽の肥料として売って、堆肥の保管コストに当てます。

そしてミミズが混ざった完熟した堆肥を、今度は平飼いの鶏の鶏舎の中に撒きます。鶏は好んでミミズを食べ、糞をします。そして、堆肥と鳥の糞が残ったものをまた発酵させると、まさに最高の肥料ができあがります。その肥料を稲藁の代金として稲作農家に還元するのです。

これは、当時の私たちが考えた、すべてが循環する、ゼロエミッションなエコシステムでした。シメジも牛肉もミミズの糞も平飼いの地鶏も販売することができ、農家はそれらすべての糞が混ざった有機質肥料によって作られたお米も売ることができる。無駄なものは何にもない、まさに未来の農業の型だと、その頃の私たちは自慢していました。

ところが、この会社はわずか4年で倒産します。なぜかというと、ちょうどその時期に牛肉の自由化が重なったからです。輸出入や関税の規制が緩和されて安い牛肉が日本に入ってくるようになり、私たちの牛肉は買い取ってもらえなくなりました。牛肉が出荷できなければ牛の餌もいらないので、シメジが作れない。牛がいなくなると堆肥もできず、ミミズを飼うことも地鶏を飼うこともできない。すべてがきれいに循環するシステムは、どこか一カ所が止まると他のすべても止まってしまうものだったのです。

私はこの失敗から、真庭では、「必ずすべてを利用するが、一筆書きで全部はつながっていない」仕組みをつくろうとしたのです。

集積基地という「逃げ道」

話を真庭の活動に戻します。私たちは製材所から出る木のゴミの資源化に取り組みましたが、ここでもまた失敗を経験します。

なぜかというと、木のゴミを安定的に集めることができなかったからです。製材所から出た木材は、住宅用材として工務店に売られるわけですが、住宅の着工の需要は、住宅金融公庫の金利の変動、税制や景気の動きなどによって大きく影響を受けます。着工数がパタッと止まれば、製材所は加工する機械を止めるので、ゴミの端材も出なくなってしまいます。すると、端材を原料とした商品も作れなくなってしまうわけです。

例えば、端材を使った猫の排泄用の砂「猫砂」のお客さんからは、継続的に購入できないと猫を安心して飼うことができないとクレームが入ります。都会の室内で猫を飼っている人は、山の中の製材所の都合なんて気にしません。当たり前のことです。ストーブやボイラーの燃料としてペレットを使っている人からも苦情が入ります。そのため、安定した供給体制の確立が不可避となりました。

では、安定的に供給するためにはどうすればいいのか。とても悩みました。１～２年かかって見つけた答えが、「逃げ道をつくる」ということでした。思いついてみると単純なことです。製材所の稼働にかかわらず、地域から出た、枝、葉、幹、根から道路工事で廃棄されたものまで、あらゆる木材を買い取る「集積基地」を作ったのです。

最初は、「買取価格が安いので、こんなところには持ってこない」という人が多くいました。ところが、ある年に台風が来て製材所の稼働が止まったときに、トラックの運転手さんの日当が払えないという伐採業者の経営者がやってきて、

「台風で倒れて、材木にならない木がたくさん出た。こんな木でも買い取ってくれるの？」と木を運んできてくれたのです。その木は、中にヒビが入った、支障木という売り物にならない木でした。当時、集積基地では木材ならば何でも１トン３０００円で買い取っていたので、10トントラックで３万円になりました。彼は４回、この売り物にならない木を持ってきて、計12万円の現金を持って帰っていきました。そうして彼はトラックの

運転手さんたちに日当を払うことができました。一次産業に携わる人たちが金融機関から、すぐにお金を借りることは大変です。短期の融資には担保や、いろいろな書類を揃えなければなりません。集積基地はそのような人々にとって、今すぐお金を調達できる仕組みにもなったのです。

そんなことがあって、「あの集積基地に木の根っこでも葉っぱでも、とにかく山にあるものを持っていけば、高くはないけれどすぐにお金に換えることができる」と知ってもらうことができました。それからはどんどん木材が集積基地に集まるようになりました。農家のおじさんが畑に軽トラで行って農作業をして、帰りに自分の山の木を少し伐って持ち込めば１５００円ほどにはなります。そうすれば家でおこづかいをもらわなくても、居酒屋に行って一杯ひっかけることができるようになりました。

山が循環し始めた

その後、私たちは、地域の企業や公共施設、農業施設で使われている償却年数の過ぎた石油ボイラーを木質ボイラーに変えてくれないかと打診をしていきます。

木質ボイラーとは、木質バイオマスを燃料とするボイラーのことです。木質ボイラーの燃料となるのは、集積基地に集められたチップやペレットに加工された山の木々です。木の使い道を用意することで、やっと木が資源として地域内で回り始めました。昔は薪や炭として使われていた地域の山が、今度は木質ボイラーや薪ストーブの燃料になったのです。

前述したように、真庭では地域内のエネルギー自給率は約62％に達しています（令和2年1月時点）。この地域のエネルギーには電気も車のガソリン、工場などで使用する熱も含まれます。真庭で暮らしている4万人が使うエネルギーの半分以上が、木材から作られたエネルギーに変わったということです。そのおかげで地域内に毎年約10億円のお金が残るようになりました。この10億円は、これまで石油代金として地域の外に流出していたものです。

どんなに山の中の過疎地域でも、ほとんどの人が車に乗り、電気を点け、ガスを使います。エネルギー費用は確実にどんな過疎地域でも発生します。石油を使っていれば、その代金は全部域外に行ってしまいますが、真庭ではそのエネルギーに地元の木や製材所のおが屑を使うことで、毎年10億円のお金が地域に落ちるようになりました。市内への経済効果を合計すると、52億円増加しました（２０１２年と２０１７年の産業連関表の分析より）。

また、燃料購入費のうち、毎年約2億円のお金が山林所有者に戻っていくようになりま

真庭中の木材が集まる「真庭バイオマス集積基地」

2015年から稼働している「真庭バイオマス発電所」。集積基地の木質チップなどを燃料とし、約2万2000世帯分の電力を供給している

した。その2億円は山に再び木を植えるために使われるようになり、地域の山が循環するようになりました。第3章で、鵜養では33年のサイクルがあったというお話をしましたが、真庭でも集積基地とバイオマス発電、ペレット燃料やチップ生産、木質ボイラーや薪ストーブによって、再び地域の山が循環し始め、さらには地域内に残ったお金が地域の経済に大きな波及効果をもたらしていったというわけです。

　私たちが真庭の活動の中で気づいたのは、今まで流出していたお金を地域内に留まらせ、循環させることが、地域を活性化させるということです。つまり、「内部循環経済」です。一般的に、地域活性化というと、地域産品を域外に売ってお金を儲けることや、観光客を外から呼んでお金を使ってもらうことがイメージされると思います。しかし、現代ではどんな過疎地でもお金を使って暮らしています。燃料費も医療費も、水道光熱費も教育費も、食費や酒代なども現金として出ていきます。それらの機能を地域の中に取り戻し、お金を地域の中で循環させることで、地域が潤って活気づいていくのです。

自分たちの価値を、自分たちで決める

ここまで、木を燃料としてどのように活用していくか、ということをお話ししてきました。

当初、私たちの意識はボイラーの選定や、木材を砕くチッパーの性能など、技術面や工程において、どのようにして実現させるかに向いていました。

しかし次第に、それは重要ではないと思うようになりました。結局のところ、内部循環型経済を実現させるために最も大切なのは、「地域の人同士を結びつけること」だとわかったのです。

木は非常にかさばり、かつ重いものです。その上、エネルギーとして使おうとしたら、

多くの人が関わる必要があります。山へ行き、木を伐り、山から降ろして、皮を剝いて、薪に加工して、乾燥させて、束ねて、家まで運ばなければ、自分の家の薪ストーブに火をつけることができません。それらの工程をすべて各家庭で行うのは大変なので、誰かにやってもらわなければいけません。そのためには人間関係のネットワークをつくって、みんなが少しずつ誰かのために煩わしい思いをしなければ、地域の社会と経済は回らないのだということにみんなが気づいたのです。

これは例えば「明日は寒くなるみたいだから、一人暮らしのおばあさんが寒い思いをしないために、今日中に薪を届けなきゃいけない」と地域の誰かが思ってくれなければいけないということです。地域の中で、ちょっと煩わしいけれど、お互いを気づかい合いながら行動する。それは〝気づかいののりしろ〟のようなものです。その気づかいののりしろをどんどんつないでいくことが、地域内経済を回すための基本的な考え方となります。

さらに、エネルギーを使うことには経済が関わってきます。

誰が・いつ・どのくらいの価格で、しかも安定的にやってくれるかを決めなければなりません。使用料が決まっている電気やガスとは違って、これまでゴミだと思われていた木を使うので、木に対しても、それを加工する労働に対しても、誰も価値基準を持っていませんでした。

　しかしながら、その価値の取り決めを行政も企業もしてくれません。地域に住む自分たちで決める必要がありました。地域内には当然、木の生産者（山の持ち主）も、消費者もいます。利害が反する人たちがいる中で、話し合いで物事、とりわけ価格を決めていくのは大変なことです。私は外の人間として真庭に関わって、そういう価格決定の場にも立ち会ってきましたが、昔からそこに住んでいる人たちだけでは、逆にお互いのことをよくわかっているだけに、なかなか決めきれないのです。そんなときに他所者が「例えばヨーロッパの〇〇国だったらいくらで取引されているから、取り敢えずいくらから始めてみようよ」というようなアドバイスをしながらみんなで話していくと、徐々に落としどころが決まっていきます。

　その過程で私が感じたのは、地域内で、自分たちで価格を決めていくことは、自分たちで価値を決めるということ、自分たちの暮らし方を考えることにつながるということです。自分たちの暮らしを自分たちで決めていくことは、「自治」の本質です。現在では、自治というのは行政によって決められたことを、その下請けのように地域の自治会が行うものと捉えている人もいるかもしれません。しかし、もともとは、地域の中にそれぞれの自治が存在していたはずなのです。

吉里吉里の復興計画書

私がそんな自治の重要性を実感した体験がもう一つあります。

２０１１年の東日本大震災の後、岩手県大槌町吉里吉里《きりきり》という当時２３００人くらいが住んでいた集落の復興支援に入ったときのことです。

吉里吉里は１９３３（昭和８）年3月3日の昭和三陸地震の際にも、大津波の被害に遭っています。その4ヶ月後に、当時の住民代表44名によって作られた復興計画書（新漁村建設計画要項）が神社の庫裏に残されており、それを避難所の方と一緒に見せてもらいました。

当時の復興計画書には、最初に村人全員の復興に向けての覚悟が示されています。村人全員が一人の家族として、自分勝手な考えを捨て、次世代を育てていこうと書かれています。次に、今後のエネルギーの調達、食料と水の調達、医療体制の立て直し、地域内の警備、公共事業、復興への資金調達、そして次世代育成のための社会教育が最も重要だとして、郷土の人材育成学校をつくることなど、様々なことが書かれていました。しかもその計画書に携わった人々の名前を見ると、東日本大震災で被災した地元の人々のお父さんや

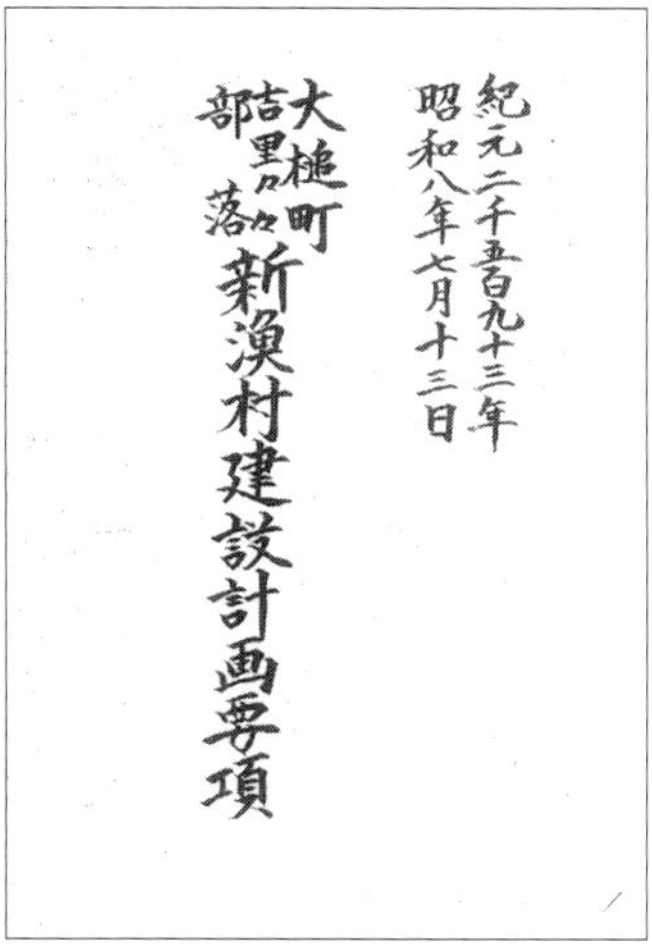

紀元二千五百九十三年
昭和八年七月十三日
大槌町吉里吉里部落 新漁村建設計画要項

(三) 新漁村建設計画ノ要旨

一、隣保相助ノ精神ヲ振作シ共同ノ力ヲ産業経営並ニ日常生活ノ上ニ致シ以テ今次災害ノ復旧復興ヲ期スルト共ニ部落永遠ノ共存共栄ヲ営ムモノトス

二、之ガ為メ各種團体並ニ部落民一致協力各其ノ分野ニ精進シ其間苟モ個人的利害又ハ感情等ニ依リ協調ヲ破ルガ如キ間隙アルヲ許サズ常ニ緊張シタル精神ヲ以テ終始一貫鞏固ナル團結ノ下ニ邁進セムコトヲ要ス

三、若シ夫レ時日ノ経過ニ伴ヒ緊張ヲ欠クアラムカ此ノ更正断シテ期スヘカラサルナリ故ニ深ク自ラ戒ムルト共ニ児孫ノ教養訓練ニ力メ 今次災害ノ惨状ニ想ヲ致シ御恵ミ深キ御聖恩ト遠ク各地ヨリ寄セラレタル御同情ニ懸フルノ念ヲ新ニシ眞ニ臥薪嘗膽新漁村ノ建設ヲ遂

岩手県吉里吉里の復興計画書。1983年3月の昭和三陸津波のわずか4カ月後に作成された。写真下「計画ノ要旨」には、復興に向けた覚悟が記されている

お祖父さんにあたる人たちでした。つまり、その人々が生きている間、少なくとも70〜80年前までは、生きていく上で最も基本的な部分は、国や行政や企業に任せるのではなく、自分たちで何とかしていくという感覚を人々は当たり前に持っていた。自分たちで村のことを決めるという、まさに本来の意味での自治が行われていたのです。

ところが東日本大震災では、被災の4ヶ月後というと、やっと仮設住宅が建ち始めた頃でした。誰もが水や食料は自衛隊が持ってきてくれる、エネルギーもガス会社や電力会社が再び供給してくれる、国が自分たちの暮らしを再建してくれると考えていました。誰もが自分や家族のことで手一杯で、多くの人たちが、他人や地域の未来を思いやる余裕もないときでした。そんなときにこの復興計画書を見て、80年前はこんな社会だったのだと、その意識の変化に、被災地の方々も私も愕然としました。もちろん、国や自治体を頼るなという意味ではありませんが、生きていくための大切な部分を、自分たち自身で考えることの重要性を考えさせられたのです。

里山資本主義の根本にあるもの

現代の私たちは、グローバリゼーションと資本主義の恩恵を受けて暮らしています。

どこに住んでいても、安い食料や物資を地球の裏側からでも得られるようになりました。しかし、人間だけが豊かで便利な暮らしを追い求め、現在の暮らしをこのまま続けるならば、地球が有限であるゆえの環境の変化、為替の変動、国家間の緊張や戦争などによるグローバリゼーションの弊害からは逃れられません。

そこで、ある程度の内部循環を前提とした地域内で、人々が納得して暮らすために、地域の中での最低限の生存に必要な燃料や水や食料の自給を少しずつでも増やしてみる。そして、そのために地域で人と人、世代と世代がつながって、自分たちで考え、自治をしていこうというのが「里山資本主義」の根っこにある思想です。

これは何も地域に限ったものではありません。都市のコミュニティも、地域との個別なつながりをつくることで、十分可能となります。最近欧米や日本でも積極的に取り組む事例が多くなったＣＳＡ（地域支援型農業。生産者と消費者が連携し流通業者を介さず、直接取り引きする仕組み）などは、里山資本主義と同じ思想で実行されているものと考えています。新しいことでは全くなく、第3章で述べたような昔の暮らしの考え方を、私たちの暮らしの中に少しだけ取り戻してみる、という提案なのです。そしてそれらのシステムを成立させるためには、地域住民の心の中に、他人への気づかいののりしろが必要であり、そこには煩わしさがついてくる、ということでもあります。

お金をベースにしない「非経済的価値」

地域における内部循環経済をつくり上げるには、前提として自治——地域の自分たちで決めること、思いやり合うことが不可欠だと述べました。

しかし、地域の中でお金を循環させることだけが里山資本主義ではありません。田舎の豊かさのかたちは他にもあります。地域における経済をもう一度見直してみると、人々の取引は大きく二つに分類できることがわかります（図2）。

一つ目は、私たちが普段行っているお金を媒介する取引です。これは、「経済的価値」に基づいています。もう一つは、お金にならない「非経済的価値」に基づく取引です。経済統計には載ってこない、ものの動きやサービスなどを指します。物々交換や自給などはその領域に位置付けられます。例えば、山から薪や山菜などを採ってきたり、自分で野菜を育てたり、その野菜を近所の人にあげたり、といった取引も非経済的価値に含まれます。これらは田舎ではよく見られた光景です。

現代では、人件費や代行サービスの対価としてお金を払っているのに対し、田舎のこれ

図2　経済的価値と非経済的価値

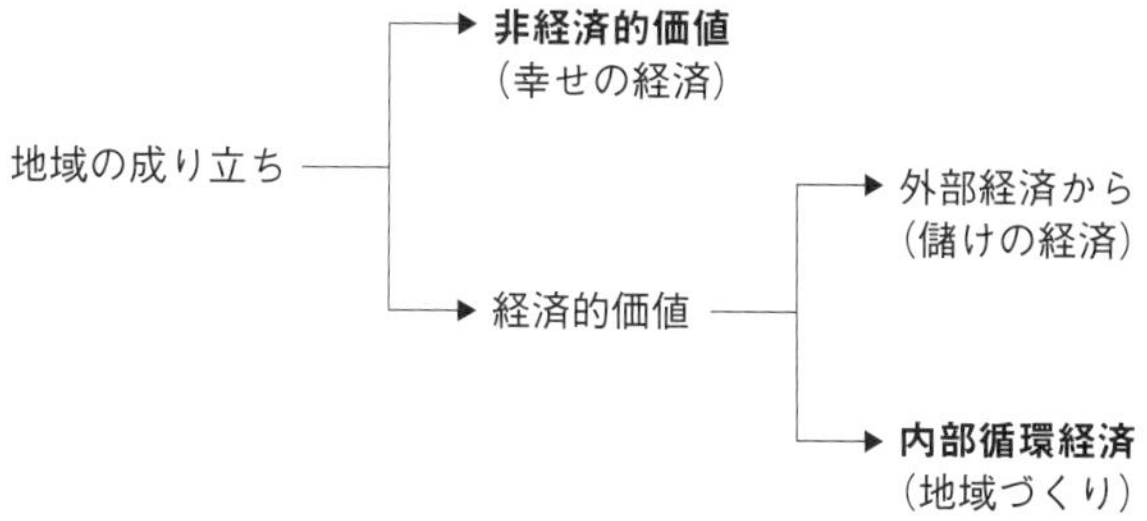

までの暮らしの中では、田植えを手伝ってもらったら相手の田植えを手伝いに行く、野菜をもらったらお返しをするといったように、お互いに労働力や食べ物を与え合うことでお金を介さずに暮らしてきました。

もともと私たちの生活の中には貨幣経済はありませんでした。お金でやり取りをせずとも、自然の中で地域内の人同士と協力し合い、農作業などをして生きてきました。多くの人手が必要な田植や刈取りの際には、「結」といってみんなで共同作業をして乗り切ってきました。

私がお会いした愛知県の山間部に住む88歳のご婦人は、50歳になるまで、お金で物を買ったことはなかった、と仰っていました。工場で働いて賃金をもらったことはあるけれど、それは全部姑さんに渡して、自分で使うことはなかった、それでも不自由はまったく感じなかったと。食べる物は自分で作り、夏には収穫した小麦を水車小屋に持っていくと素麺がもらえた。着る物も自分で糸を紡ぎ、自分で機を織ったと言います。

地域の祭りや催事も、お金では計れない非経済的価値です。日本の農村は水稲栽培が主流でしたから、水路の管理という労働も発生します。水は高いところから低いところに流れます。途中で、自分だけの都合で稲作をやめてしまうと、そこから下にある田には水が供給されないことになるので、水路全体を管理する仕組みが必要となります。

森から得るエネルギーも共同で管理してきました。それらの労働に貨幣のやり取りは発生しません。先祖の墓の横で、自分より先に死んでいった家族たちの温もりを感じながら暮らすという、そんな心の安心も、お金にはなりません。こうした非経済的価値を重視する暮らし方、働き方は、時代の流れの中で減少してきたものの、まだ残る地域もあります。しかし、お金が発生しないため、経済統計にはカウントされません。

現代の都会ではお金の価値に換算することが当たり前になっています。食べ物を手に入れるにも、イベントに参加するにも、エネルギーを手に入れるにも当然お金がかかります。これらの行為はお金が介在するので、すべて経済統計に含まれます。そのため、経済統計で比較すると、田舎は経済的にすごく疲弊しているように見えます。しかし、フタを開けてみると、実は経済資本に乗らないお金にならない取引があり、都会とは違った田舎の豊かさを形づくっています。そしてそれらが、何ものにも代えられない幸せの源泉であったりするのです。

そんな田舎のコミュニティ内でのやり取りには、人と人との信頼が不可欠です。その信頼は、一緒に汗を流して、同じ物を食べて、お酒を飲んで……といった、ある意味互いのプライバシーにまで踏み込むような泥くさい、〝おたがいさま〟のやり取りから築かれていきます。みんなで一緒に物事に取り組んでいく中で、地域内で価値が共有されていき、それが地域の風習や風土になっていく。都会に住む人から見たらとても煩わしい人間関係こそが、非経済的価値を成り立たせる条件なのです。

行政に任せてきたものを地域に取り戻す

お金を介した取引もそうでない取引も、重要なのは地域の人々のつながりです。現代では、かつてあった人々のつながりが希薄になりつつあります。その変化の中で日本は経済発展をしてきたわけですが、一方で地方では労働する世代が都市へと流出し、過疎化が進み、地域の活力は衰えています。そこで真庭では、経済と環境の疲弊を前にして、暮らしの根幹に必要なもの（エネルギー、水、食料）を地域の中で取引し、循環させることに着目して地域を活性化させようとしています。

つまり、私たちが真庭で20年以上行ってきた地域づくりとは、戦後に全部行政に任せてきた自治や生きるための根幹の部分を、地域の中に取り戻すという試みでした。

今では里山資本主義の成功事例ともされますが、問題はまだあります。

それが教育です。現在、教育費は非常に高いです。高校で地元を出て都市で下宿をすれば、年間１００万円ほどかかりますし、その後、都会の大学に入れば、４年間で１０００万円ほどのお金が地域から出ていくことになります。高校～大学の教育費の計１３００万円を一次産業の利益で賄うのは大変なことです。家や田畑や山林を地域外の資本に売って、教育費を工面することになります。なおかつ、その子どもが地元に帰ってこなければ、教育費は還元されないどころか、その地域はマイナスを背負うことになります。まさに１ｗａｙのお金です。

ですから、地域に教育を取り戻すことは、非常に重要な課題です。ここで言う教育とは、人材の育成です。現在の学校教育では、基本的には子どもたちに知識を提供しますが、社会での生き方にまでは関与しません。大学に入っても、どう生きるべきかに悩み、就職活動に苦労する学生はたくさんいます。親には「良い大学に入って大企業に就職すれば安心」と言われたけれど、それが本当に幸せなのか？　そもそもずっと安泰な会社なんてあるのか？　就職活動で失敗したらどうしよう？　さまざまな不安に駆られます。それならば地域で生きるための知識や知恵が得られる教育をしようと、私は10年以上にわたって「なりわい塾」というものを全国で行なうようになりました。

自分らしい生き方を探る「なりわい塾」

その一つが、「豊森なりわい塾」です。

これは愛知県の豊田市でトヨタ自動車の支援を受けながら、地元のＮＰＯと一緒に運営していた社会教育システムです。トヨタ自動車の発展成長に並行して、工場で働く人材の雇用が必要となりました。その結果、周辺の中山間地域から多くの労働力が供給され、山村部の過疎化が進みました。企業は良かれと思って雇用をつくり、会社を大きくしてきたのですが、それによって地域が疲弊し、トヨタだけが一人勝ちという状態になってしまった。そのため、山間部への定住者の確保や都市部との交流事業を担う人材の養成、同時に企業の働き方改革を目指してこの活動は始まりました。

例えば週のうち4日間会社で働き、週3日は地域の活動に参加したり農地を耕して、自分の食べ物は自分で作りながら、自分らしい生き方を自分でデザインしていくといったものです。

労働力を一つの企業に集めるのではなく、地域の中で流動性をつくるのです。トヨタの場合で言えば、グローバル企業ですから、その時々の為替や国の経済動向に合わせて、一番条件のよいところで製品を作りたい。あるときはメキシコの工場、あるときは中国の工場を稼働させることもあるでしょう。その中で、日本の工場を今後もフル稼働させ続けられるかは保証できません。そこでトヨタは今の人員を工場に固定して、状況に応じて雇止めをするよりも、拘束時間を緩やかにすることで、その他の時間は地域で何らかの役目を持って生きる人材をつくりたいと思ったわけです。行政としては過疎化した集落を活性化したいと思っています。このNPOは、未来の働き方を考えたときに、どこかの会社に一生勤め続けるよりも、多様な人生のポートフォリオができるような働き方の方が豊かではないかと考えています。

過疎化が進むと環境への悪影響もあります。森に関わる人口が減ることで植物遷移が進み、生物の多様性はなくなり、生態系が壊れれば温暖化が進み、森が荒れていきます。トヨタと豊田市とNPO、思いは三者三様ですが、たくさんの人に自然の中に暮らしてもらう多様な働き方のできる社会をつくりたいという目標は一致しているということで、豊森なりわい塾は始まりました。

私はこの塾長を務めていましたが、毎年だいたい50～１００名の応募の中から面接・選考をして、30名ほどの男女を選出します。応募者の中にはトヨタの社員もいますが、他の会社に勤めている人たちもいます。年齢は20～30代が中心です。中には50～60代のセカンドライフのことを考えるために応募する人もいますが、一度社会に出たものの働き方がしっくりこなかったという人が多い印象でした。人生を設計し直してみようと応募してくるのです。

あるく、みる、きく

選出されたメンバーは毎月1回土日に集まって、1年間「豊森なりわい塾」に参加します。そこでまず、最初に行うのは「あるく、みる、きく」です。私たちはその行為を、地元を知るための〝地元学〟と呼んでいます。

地元の年配の方と一緒に、地域の中を徹底的に歩きます。ここに湧き水があって、その水がどこを流れて田んぼに入って、こっちの川へ行くとか、自分たちの家ではその水をどんなふうに利用して暮らしているのかといったことを聞いて、白地図に落としていきます。

年配の方の話を聞くと、今目に見えるものだけでなく、かつては水車を使っていたな

豊森なりわい塾の活動の様子

ど、昔からの暮らしの成り立ちも見えてきます。日本の山村で、人間の手が入っていない景観はまずありません。それは、そのとき暮らした人々が、明日はきっともっと良くなるという思いから手を加え、形となって表れた自然であり、道であり、森であるわけです。過去から現在に至るまでの地域の実態を知るには、実際に歩いて話を聞くフィールドワークは、とても有効な手段です。

次に、「聞き書き」です。地元の方の暮らしを聞いて文字としてまとめていくのです。すると、どういう思いで、何を大切にして、どんなことが哀しみで、喜びで……といった一人の人生の流れが見えてきます。1940年代の戦争、1960年前後の高度経済成長期など、村は決して山の中で閉じていたのではなく、様々な社会の変化の中にあり、そこで人々は生きてきました。一人ひとりの人生の変遷と考え方の変化、幸せの形を知ることで、今度は集落の心の縦糸がはっきりとしてきます。「地元学」で集落としての成り立ちを学んだ後、聞き書きをすることで個人がその集落の中でどのように生きてきたかが見えてきます。地元学と聞き書きをすることによって、縦糸と横糸が絡み合うように、その地域の実情と人間像とが一枚の布として具体的に浮かび上がってくるのです。

具体的な未来を描く

この二つを経験してから、今度はその集落に入り、食や農、森や林業、福祉や医療、祈りや祭りといった個別の課題を深掘りしていきます。

過疎化の中で祭りの担い手が足りないから手伝ってほしいとか、仕事を手伝ってほしいとか、集落の未来について一緒に考えてほしいとか、さまざまな要望も持ち込まれます。それらは地域の共同体に直接触れる活動でもあります。その後、すでに外から地域に入ってきた先輩や、ともに学んでいる塾生同士で、地域で見聞きし体験したことに対してどう思っているのか、自分の中でどんな未来を描いているか、というようなことをディスカッションします。

その後に、将来、この集落で暮らすことを想定したグループディスカッションをします。

集落の未来の状況を高い解像度で知るために、まず人口動態を確認します。

どのように見るかというと、まず、現在、集落内に何歳の人が何人いるかを把握します。そして10年後には全員10歳ずつ年をとるわけなので、その年代ごとに現在わかっている死亡率や出生率などの数字を調べることで、10年後の集落にどのくらいの年齢の人たちが何人いるのかを算出できるのです。前提となる数字がわかっていれば、すぐに計算できることです。

未来の集落の状況を算出した上で、集落の維持のことや、ここでどうやって生きていくかを塾生で話し合います。例えば、将来の地域経済のこと、地域内循環のこと、また、公共サービスを自分たちでどう供給するかなどです。また、どのくらいのお金が地域の外から入って出ていき、地域内でどのくらいのお金が回るのかも計算し、それによって何人くらいの人が住めるのかもシミュレーションします。そのシミュレーションした集落の中で自分が暮らす場合、どんなことを幸福と感じるか、今の状況に課題を感じるとしたら、どうすれば地域の在り方を再構築できるのか、そんな話をグループごとにしていくのです。

田舎で暮らすと聞くと、牧歌的なイメージが先行するかもしれませんが、地元学と聞き書きでリアルな過去を知り、そこから将来のことを数字に基づいて議論していくことで、自分たちの未来の暮らしを具体的に考えていくのです。

カリキュラムの最後には、一人ひとりが発表を行います。自分は何年後にこんな暮らしをしていたいとか、自分の住む集落をこんな風にしたいというようなことを話したり、詩や踊りで表したりするのです。いわば第3章で紹介した「13年後の真庭人の暮らし」を、自分たちでもやってみるような作業です。

発表では、例えば図のような三角形が使われます（図3）。これは第3章で紹介した「仕事」と「稼ぎ」の話から着想を得たものです。

生きていくためには、「稼ぎ」と「暮らし」と「仕事」という要素があります。「稼ぎ」は自分の家族を養うための行為です。食べ物を作ったり、お金を稼いできたりすることです。「暮らし」は自分自身や家族のための時間と行為、「仕事」は地域や社会のための行為です。地域で生きていく上では、「仕事」がとても重要です。自然の中では一人では生きていけませんから、必ずお互いが手を貸し合う必要があります。コミュニティをつくっていかなければいけないのです。だから、祭りや結や町内会というものが「仕事」として存在したのです。今では、ＰＴＡや、地域のお父さんによるオヤジの会なども地域の仕事

図3　人生をどんな三角形に形づくるか？

稼ぎ　＝自分と家族の食い扶持

仕事　＝地域貢献・ボランティア（町内会・祭り・結・PTA）

暮らし＝日々の生活・自分の世界

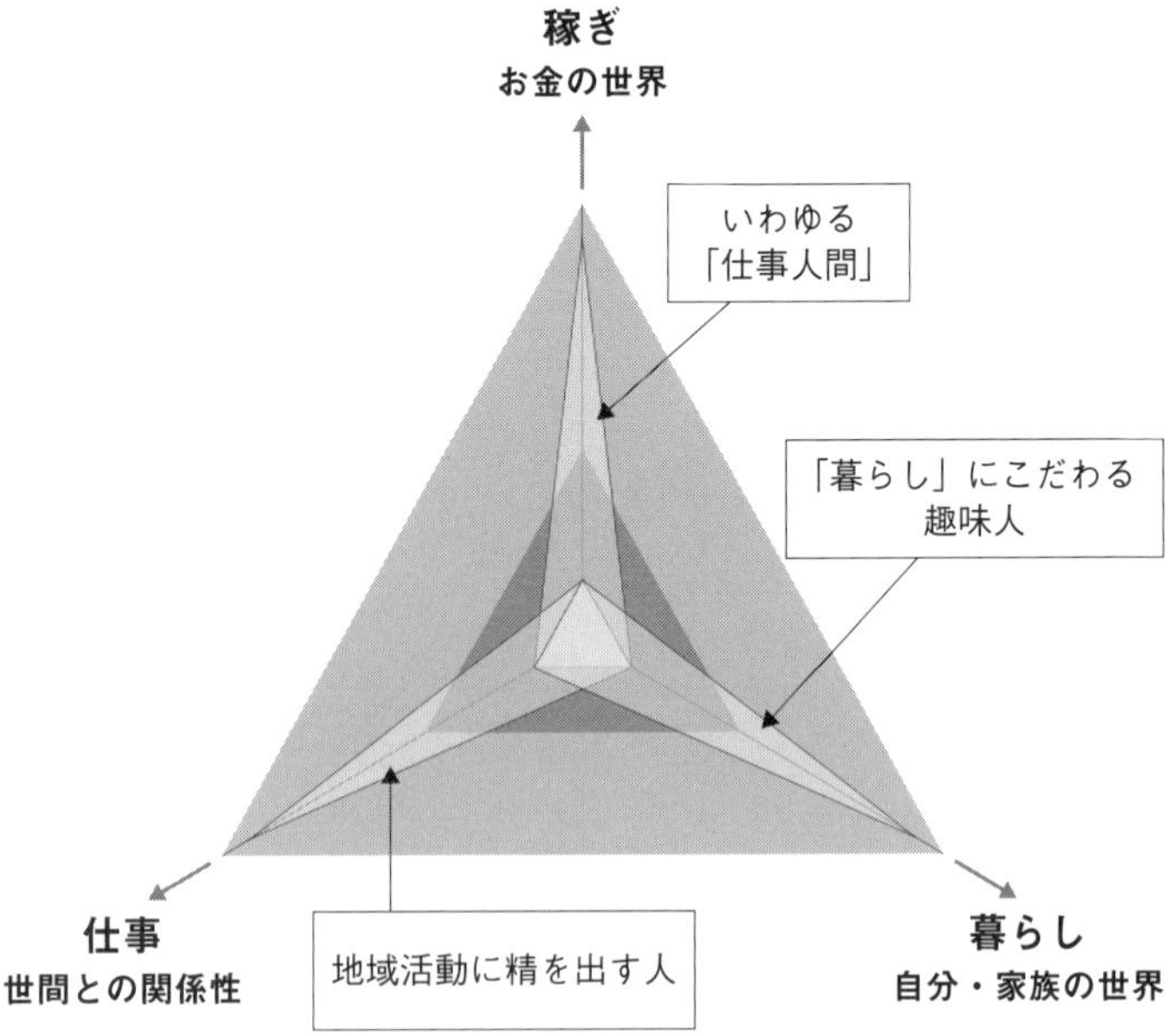

を担うつながりになってきています。

「稼ぎ」と「暮らし」と「仕事」をつなぐと、三角形が描けます。塾生には一人ひとりに自分の人生でどんなバランスの三角形を描くのかを考えてもらい、「今の自分はこういう三角形ですが、5年後はこんな三角形、10年後にはこういう三角形にしたいと思います」というようなことを発表してもらいます。地域を知った上で、自分の人生をデザインしてみるのです。「なりわい塾」に限らず、読者のみなさんも、自分が生きている地域で自分がどのような三角形を描けるかを考えてみるのもいいかもしれません。

昔と今の間ぐらいの生き方

第2章で述べたように、今から約60年前、高度経済成長期に日本の社会は急激に変わっていきました。基本的にはほとんどの国民がサラリーマン化し、サラリーマンではなくとも、お金を稼いでそのお金で生活に必要なものすべてを購入して生きるようになりました。一次産業に従事していても、例えば、トマト農家は必死に品質の良いトマトを作り、それを売ったお金で家庭の生活費や子どもの教育費を賄っています。トマト農家といえども、トマト工場の工場長といった立ち位置で働いているということになります。このように、農業も漁業も基本的には企業化されてきています。

対して、今から約60年前までの人々は、基本的に自分たちで自分たちの食べ物を作り、地域の中でそれを交換したりもらったりして、地域を支え合ってきました。これは恐らく、日本人がずっと続けてきたことであったはずです。しかし約60年で働き方が変わり、それによって地域コミュニティも変わり、祭りの在り方も変わり、価値観も変わってしまった。そしてこのまま便利で物の豊富な社会を追い求め、「もっともっと」と自分の欲求の実現だけを各自が目指していったら、有限な地球は限界を迎えます。それならば、昔と現代の中間くらいの生き方ができないかということを、私は豊森なりわい塾を通して考え、塾生に伝えてきました。

この塾を始めてから、豊田市の山間部の集落には、塾の卒塾生以外も含めて５００世帯以上が移住してきました。今、その倍以上の人たちが入居待ちという状態です。自然の中で暮らしたいという人は急激に増えています。それは何もコロナ禍の影響ではなく、都市で暮らすということへの限界を感じている人たちが増えつつあるということです。それぐらい都市での生活基盤は揺らぎ始めているのかもしれません。

先ほど述べた、昔と現代の中間くらいの生き方——これを私は、「現代の百姓」と言っています。百姓というのは一般庶民のこと、特に農民のことを指す言葉ですが、農民はどんなことでも自分でやってしまうという意味で〝百姓の万能〟という言葉があったり、一説には、百の姓を持つ人、要するに自分でいろいろなことをできる人という意味とも言われます。それを踏まえると、「現代の百姓」とは、自分の食べ物を自分で作る、新規ビジネスを創出する、自分の家の屋根を自分で葺くことができる、自分で布や服を作れる……など、いろいろな顔を持つ人ということです。

第5章では、そのような「現代の百姓」的な生き方をしている方々を紹介して、これからの具体的な生き方を考えてみたいと思います。

第5章

現代の〝百姓〟たち

本章では、実際に新しい価値観で暮らしを再出発させた人々を紹介します。

前章で紹介した真庭市から4家庭、そして、岐阜県と福井県の県境にある石徹白《いとしろ》という集落に移り住んだ1家庭です。いずれの方々も先述したなりわい塾や、地域と関わる中で出会いました。

この5組の家族には、これからの時代を生きるためのヒントが隠されていると思います。

生きるための原点を求めた移住――上田善宗さん

真庭市から紹介する4家庭は、みなさん中和《ちゅうか》地区に住まれています。真庭市の北東部に位置し、人口は６００人弱、津黒山の山麓に里山と水田の風景が広がる、緑豊かな地域です。

ここに、知る人ぞ知る蕎麦店「年月《ねんげつ》」を営む、上田善宗《よしむね》さんという方がいます。

上田さんは、東京・世田谷の商店街にあった人気蕎麦店を人に譲り、２０１８年に中和に移住、２０２２年にお店をオープンさせました。

福島県浪江町の酒蔵の息子として生まれ育った上田さんは、大学入学で地元から外に出たことで、自分の育った環境が特殊だと知り、日本酒に恩返ししたいと思うようになった

真庭市中和地区の風景

と言います。

「具体的には、日本酒を売れる飲食店をやりたいと思ったんです。母が大学の家政科を出て料理が上手だったことも、料理の道に進もうと思った根幹にはあると思います。料理の技術を身につけるなら早い方が良いだろうということで、親に相談して、大学は1年で中退して、料理の専門学校に通いました」

　卒業後はホテルや和食の店を転々と10年ほど修行をして、２００６年、28歳のときに豪徳寺で蕎麦屋「あめこや」を始めます。もともとは東京で10年お店を続けたら、田舎に帰って蕎麦屋を開くことも選択肢の一つに考えていました。

「母の実家が南相馬市の農家だったので、その山野原林も生かして蕎麦屋をしたいと思っていました。自分のルーツである日本酒と農業と、さらに蕎麦が融合したようなお店ができないかと」

そこに、東日本大震災が起こります。実家の酒蔵は畳むことになり、友人や親戚も地元を離れてしまったため、移住先を探すことになります。

「震災で、地元の野のもの山のものを採れる状況ではなくなってしまった。東京の店を続けても普通に暮らしていけただろうけど、蕎麦を自分で栽培したい気持ちがあったし、家族と過ごす時間ももっと欲しいと考えていました。そのためにはやっぱり地方に住む必要があると思ったんです」

様々な地域に足を運ぶ中で、蕎麦の栽培にも向く、寒暖差のある気候の真庭と出会います。

「東京の人があまり知らない、簡単には来られないことも魅力でした。やはり、簡単に来られる場所だとなにかのついでに寄れるようなお店になる。来てみなければわからないくらいのところでお店をやりたかったんです」

店舗は築１００年以上の民家です。もともとは、一人暮らしのおじいさんの家でした。そのおじいさんが山仕事中に急に亡くなり、そのままの状態で借り受けたため、まず遺品

上田善宗さん（上）と「年月」で提供される蕎麦（下）

整理から始め、約3年間はアルバイトをしながら修繕をしたそうです。もともとの構造材を生かしたため、ところどころに囲炉裏で燻された黒い柱や板が覗きます。当初は家の相続人から格安で借りていたものの、現在は毎月1度の墓掃除、田畑の管理が家賃の代わりとなっています。

「お店は紹介制となっており、基本的には夜にコース料理を提供しています。また、1日1組のみですが、食事つきで店舗の2階に宿泊もできます。近隣に宿泊できるところがほとんどないのと、改装費が想定より多くかかってしまったので、その回収も兼ねて宿泊を受け入れ始めました」

　いわゆるオーベルジュとして運営されている「年月」では、上田さんが蕎麦の実で育てた鶏の卵を使っただし巻き卵や、だし汁に猪肉を入れた蕎麦など、食材のほとんどを自宅近くの山から採取したものや、自ら田畑を耕し栽培したもので賄っています。

「僕自身が田舎出身なので、田舎の人付き合いはわかっているし、方言もじきに慣れると思って移住してきました。今は消防団など地域の活動にも参加しています。一般的な話として、消防団の取り組みなど地域との関わりが移住者のハードルになっているとは耳にしますが、そもそも自分は農業を通して地元の人との関わりが多いので、地域とつながるために大切だと思っています。

妻は地元の学生服の工場で働いています。正直なところ、仕事の選択肢も少ないのでマッチングが難しいようですが、今の職場は妻も気に入っているようです。

娘は小学校6年生。東京で働いていた頃は、夜遅くに帰って子どもの寝顔しか見られないような生活でしたが、今は自分が家で働きながら、妻と娘の帰りを待つようになりました。ここが終の棲家だと思って暮らしています」


上田さんが移住に至った背景には、二つの大きな理由がありました。子どもを自然豊かな場所で育てたいという点と、蕎麦という自分の食の原点とつながっていたいという思いです。育児と食という、生きるための根本にあるもの、そのよりよい環境を求めて移住する。これは移住にあたっての大きな理由になります。

そして、それは私が今全国の地域でお付き合いしている移住者の、一番多い移住理由でもあります。自分の命がどこにつながっているのか、そのことを身体と心で体感したい。そして、人間として一番大切なその感覚を、自分の子どもたちとも共有したい。そのことが、親が子に与えられる最高の贈り物である、と考える人たちです。この本の読者の方でも、地方への移住を考えられている方には、同じような考えを持つ方が多いかもしれません。

直観を信じて行動する——髙橋祐次さん、玲奈さん

でも、自分には蕎麦を打つ技術もないし、そんなことができるのか——。

そう不安に思われている方には、次に登場する髙橋さんご夫妻が、勇気を与えてくれるかもしれません。

髙橋祐次さん・玲奈さん夫妻は、ひょんなことから２０１６年、東京から中和地区に移住しました。彼らの場合は、移住先で、地元の人たちが彼らの才能を見出したのです。

二人は現在、中和地区で狩猟と農業をして暮らしています。移住前、祐次さんはストリンガー（テニスラケットのガットを張る仕事）として、玲奈さんはスポーツをする人の心身の状態を整えるコンディショニングトレーナーとして、東京都大田区で仕事をしていました。

二人が真庭に移住するきっかけとなったのは玲奈さんの母の死だったと言います。

「パワフルな人だった母が癌であっけなく死んでしまったことで、人は簡単に死ぬのだと実感したんです。それから、これからの人生どうしたいかを二人で話すようになりまし

た。何があるかわからないから、やりたいことがあったら早くやった方が良いって。そうしたら、夫は『自給自足をしたい』と言ったんです」（玲奈さん）

祐次さんにその理由を聞くと、「あるときから、購入する食材や外食の材料になんとなく疑問を抱いていて、食べ物を自分たちで作って生きた方が良いのではないか」と思っていたと言います。

「本当にやりたいことを話し合う中で、漠然とした思いが固まっていった」と語る二人。それまで自然派ではなかった玲奈さんも、なぜかそのときは自然と同意でき、すぐに二人で移住先を探し始めたそうです。

「妻が暑いのが苦手なので、できるだけ涼しいところと検索していたら真庭市を見つけ、ちょうど岡山県の移住相談会があったので参加しました。そこにいた地域おこし協力隊の人がとてもフレンドリーで、すぐに『うちに泊まりに来てください！』と言われて、その熱に押されてすぐ翌月に行ってみました。『自分たちで野菜を作ったり、猟をしたりして肉を食べたいんです』と地域おこし協力隊の人に伝えたところ中和を勧められ、さらに農業と狩猟の達人もすぐに紹介してくれ、住む家まで見つけてくれたんです」

まさにとんとん拍子に話が進み、下見に行った半年後には東京での仕事をやめ、二人で中和に移り住みました。祐次さんは、地元で有機農業の達人と呼ばれる人に1年間付きっきりで教わり、玲奈さんは地元の猟師さんに同行して狩猟生活を見せてもらうという日々が始まりました。自然が苦手だった玲奈さんも、「動物の解体は思ったより綺麗で感動しました」と、すぐに狩猟にのめり込みます。

移住当初は未経験の狩猟と農業を同時に教わり始めたことで、暮らしの時間配分に苦労したそうですが、お互いのレベルが上っていく中で、最近では自分たちなりのペースが摑めてきたと言います。「朝は5～6時に起きて、まずはお茶を飲んで犬の散歩に行きます。夏場なら、午前中は田んぼの水を見た後に狩猟の罠のメンテナンスをして、午後は田畑の面倒を見る」のが、二人のスケジュールだそう。

移住して、「買ったものではなく、生きているものを食べているのだと感動した」と言う祐次さん。

「動物のお腹を切って内臓を見ると、そのそれぞれが機能して命を作っていること、そして、他の動物を食べなければすべての動物は生きていけないことを実感します。自分はそれを実感したくて、都内にいたときに漠然と自給自足に関心を持ったのかもしれないと、こっちに来てから腑に落ちました」

髙橋祐次さんと玲奈さん

髙橋夫妻はもともと、自分たちで食べるだけの食料を調達できれば良いと考えていたそうですが、狩猟技術が上達したことで、自宅の物置を解体施設に改修し、現在ではジビエをレストランや個人宅に販売もしています。

「山暮らしはひっそりとした暮らしだと思っていましたが、実際に移住してみたら地域の人とのつながりも出てきました。色んな人が家に訪ねてくるし、車のライトがつきっぱなしだったらすぐに近所の人が言いに来る（笑）。でも、特に煩わしいとは感じません」

近年では集落内の人間関係も変化しつつあるそうです。髙橋夫妻の移住当初には、若者がほぼいなかったものの、近年はＵターンや移住者が少しずつ増え、将来の集落のための自治組織「鞴《ふいご》の会」も結成されました。

「人口減によってこれまで機能していた自治が成り立たなくなることが予想されるので、それぞれの世代に合ったつながりをつくることが大切です。今住んでいて、どうにかする気持ちのある人たちが考えて協力をしながら自治をすることで、自分たちの住みやすい地域にしていきたいと思っています」

髙橋さん夫妻がこの地域で生きていくための才能は、地元の人たちによって見出されました。そうして今では二人は、地域自治の中心メンバーになっています。

生活の中で流されるのではなく、アンテナを張りながら、暮らしを見つめ直していく。暮らしや人間関係でのモヤモヤが生まれたら、答えが見つかる前に、直観を信じて行動を起こす。高橋さんたちの、そうした自分たちの人生に対する素直さと真面目さが、滲みでてくるようなお話でした。

生きる指針を得るために農業を学ぶ――高谷裕治さん、絵里香さん

米農家を営む高谷《たかや》裕治さん・絵里香さん夫妻は、地域の中心に入り込むばかりでなく、外の人を呼び込んでくるパワーを持つ二人です。

高谷さん夫妻は、２０１１年８月に真庭市中和地区に移住しました。翌年から「蒜山耕《ひるぜんこう》藝《げい》」の屋号で農業を行い、２０１４年12月から食事を提供する「くど」をオープン。「くど」とは竈《かまど》を意味し、中国地方の言葉で台所を指す言葉です。現在は農作業を優先させながら月１〜２日営業しています。

ともに東京都八王子市出身で高校時代に出会った二人。裕治さんは横浜市で社会福祉士

として働いていたものの、仕事の行きづまりを感じ、絵里香さんはやりたいことが見つからず、契約社員として働きながら暮らしていたと言います。

「当時はどう生きたいかに、悩んでいました。今思い返すと、生きる指針がなかったんだと思います。社会福祉の現場で働いていたのですが、施設入居者に自傷他害などの問題が起きた際、やむを得ず投薬したり拘束したりすることにモヤモヤしていました。今後も公務員として生きていって良いのだろうかと思っていたときに、食に意識が向いたんです」

と裕治さん。

ちょうど同じ時期に絵里香さんも食に関心を持ちました。

「オーガニック志向というわけではなく、美味しいものを食べたいという思いが先にあって、結果として安心して食べられる自然栽培に行き着きました。私はそのときに、やっと自分のやりたいことが見つかったと思いました」

二人は、まず無農薬・不耕起（農地を耕さず作物を栽培する方法）の自然農について勉強し始めました。

「働きながら2年間、休日に自然農の現場に通いましたが、自然農は自給自足向きだと感じました。そこで業《なりわい》としての農に興味が湧いてきました」

作物を通じてもっと社会と関わりたいと思ったときに、自然栽培を知りました。

「最初は訝しく思ったものの、実際に育ったお野菜を見たらすごく美しくて立派で、しかも美味しくて驚きました。自然栽培によって、それまで使ってきた肥料や農薬を抜くプロセスを踏んで畑を豊かにしていくと、土地が綺麗になって育てる手間が減っていく……そんな話を聞いたときに、自分もそういう生き方をしたいなと。畑を自分に置き換えて、自分の中の凝り固まったものを綺麗にしていくことで、人生をうまく生きられるんじゃないかと思ったんです」

　自然栽培を学ぶために二人は２０１０年に仕事を辞め、千葉県富里市にある野菜農家で1年間の研修を受けました。当初は農家になるつもりはなく、自然栽培を通して生きていく指針を得たいという気持ちだったと語ります。

「研修を受け入れてくれた農家さんも、『農家になるつもりだったら他に行って。ここで自然とは何かを一緒に学ぶ気持ちなら来てもいい』と仰るような方でした。その農家さんは研修に行かせてもらった時点で30年ぐらい自然栽培をされていて、一見普通の畑なんですけど、無農薬なのに雑草が一本もなくて、作物がすごく綺麗でした」

　研修を終えて、千葉県で農地を借りて畑をして生きていこうと思った矢先に、東日本大震災が起こります。二人は新天地で農業を始めることにし、水の綺麗な場所を探した結果、真庭市にたどり着きました。

「移住当初は畑をしたいと思って、大根の産地である蒜山高原に目星を付けていましたが、結果的には、水の綺麗さと中和の田んぼを活かした米農家を始めました。それまでは正直、米農家になる気はなかったのですが、よくよく考えたら、水が良いなら野菜よりもお米の方が合っているし、ストック販売もしやすい。それで、未経験でしたが米作りを始めました。さいわい、僕たちより先に有機で米作りをしている方もいらっしゃったので、色々と助けてもらいました。それまで農薬を使っていた普通の田んぼで自然栽培を始めると、最初の4～5年はあまり収穫量が多くないのですが、6～7年経つとどんどん土地に力がついてきて収穫量が増えてくるんです」

毎朝、他の農家より早くから田んぼに出る高谷さん夫妻に地元の人は感心し、2～3年目からは、「来年から米作りをやめるから、うちの田んぼもやらないか」と声をかけられるようになっていきました。

移住当初は収穫量が少なく、農閑期の冬にアルバイトをして稼いだそうですが、移住3年目には収穫物を商品化でき、「くど」をオープンしたことで安定的に収入を得られるようになりました。現在では野菜の栽培も始め、4カ所、計7ヘクタールの田畑を耕し、お米も野菜もすべて直販していると言います。

高谷裕治さん、絵里香さん（上）と、お二人が営む「くど」（下）

「農作業の大変さと楽しさはイコール。私たちは自然栽培を通して社会と関わっています」と絵里香さんは語ります。

「自然栽培って、前提の考えは少しスピリチュアルっぽいところもあるんですよ。例えば、『野菜を育てるのは栄養、窒素、二酸化炭素だけではない。土そのものの力を生かすために、土を良い状態にしていくんだ』みたいな。この説明は科学的ではないですけど、実際に自然栽培をしていると、一般的には肥料を入れなかったら収穫量は減っていくはずですが、私たちの場合は年々増えていっているんです。それを見ると、やっぱり自然ってすごいなと思うし、このまま続けていけばもっと面白いことになるかもと感じるんです。

自然栽培は、肥料をやらなければ野菜は育たないという、農業の一般常識を打ち破るものでした。だからこそ、僕も固定観念を打ち破って、自分の生きたいように生きても良いんだと思えるようになりました」（裕治さん）

高谷さん夫妻は今後、どぶろくを作りたいと話します。集落内でビールの醸造所も稼働予定で「一つの集落内でどぶろくとビールを作る地域は珍しいはず」と胸を張ります。

「『くど』は、いらっしゃった方が真庭の空気を吸って、ゆっくり話す時間が取れるように整えた場所。真庭の水やお野菜、お米を口にして、移住したいと思う人が1000人に一人でもいたらいいと思っています」

二人は移住後もその地域内でとどまることなく、地域外の人とつながっていき、その地域に人を呼び込む力を持っています。実は、最初に紹介した蕎麦店「年月」の上田さんは、高谷さんと知り合ったことがきっかけで移住した一人。震災後に新たな拠点を探す中で、自然栽培に取り組む高谷さん夫妻と知り合い、中和地域を訪れたのがきっかけでした。

通常、すでに農業が盛んな地域へ行き、害虫などのリスクがある自然栽培を新たに始めようとすれば、嫌がられることが多いでしょう。しかし、高谷さん夫妻は中和という特にアクセスのしづらい、ややもすればクローズドな地域にそれを持ち込むことができました。

それは彼らの人柄はもちろん、誰よりも朝早くに起きて仕事を始めるといった、その土地にあわせたライフスタイルや、あるいは農薬を完全に否定することなく、他の農家ともフラットにつながるバランス感覚によるところが大きいと思います。

高谷さんたちを見ていると、次の時代を感じます。人生のDo（何をするか）ではなく、Be（どうあるべきか）を目指しているような人たちです。

高谷さん夫妻にも、土や植物の変化、風や水のサインにワクワクしながら、肩ひじを張らずにそんな生き方を体現している、神々しさのようなものを感じずにはいられません。

地域の〝起業家〟——川上 翔さん、樋田碧子さん

中和地区で最後にご紹介するのは、２０２１年に大阪府豊中市から中和に移住し、真庭市地域おこし協力隊や地域の人材育成の活動に参加する川上翔さん・樋田碧《みどり》子《こ》さん夫妻です。

二人ともともとは、ホームレスの人の社会的自立を応援する雑誌『ビッグイシュー日本版』で働いていました。

編集をしていた碧子さんは、真庭に出会った経緯についてこう語ります。

「7年半ほど勤めたやりがいのある仕事でしたが、取材でいろんな人やテーマを渡り歩くよりも、一つのところに腰を落ちつけて、自分の暮らしも考えてみたいなと移住を考えるようになりました。真庭を知ったのは5年前。なりわい塾の一期生だった知人のもとに遊びに来たことがきっかけでした。何度か遊びに来たのですが、その度に会う人々が面白くて、移住を意識するようになったんです。まだ結婚もしていなかった頃ですね」

一方で翔さんは、ソーシャルワーカーとして、ホームレスへの声がけや入居サポートを

していました。大学時代のボランティア活動からホームレスと接するようになり、『ビッグイシュー』の取り組みに共感して就職することになります。

「僕が見てきたホームレスの人の多くは、集団就職などで東京や大阪に出てきたものの上手くいかず、一方で家族とも疎遠で、頼る相手のいない方々でした。『ビッグイシュー』は、ホームレスの人が雑誌の販売を通して社会とのつながりを取り戻すことが軸となる活動ですが、サッカーや郊外での田植えなどみんなで遠出をすることもありました。そのときにホームレスの人が活き活きとしている様子を見て、生きづらさを抱えている人の第3、第4の居場所をつくっていけたら良いなと考えていたのも移住の理由の一つです」

二人が移住を決めたもう一つの理由は、子育ての環境でした。子どもを授かったタイミングで子育てに良い環境を考えたときに、結婚以前から度々遊びに来ていた中和が候補に上がります。

「他の地域も見ましたが、中和には知り合いもいるし、すごくウェルカムな環境があったので選びました。移住して良かったと思うのは、地域のみんなが声をかけてくださるので子どもがとても人懐っこく育っていること、また自然の中で足腰が丈夫になっていることですね」
碧子さんは、地域おこし協力隊を経て地域の教育のコーディネーターとして働いています。翔さんは、多様な背景を持った人々が一緒にサッカーをするＮＰＯ「ダイバーシティサッカー協会」を立ち上げ、その他に真庭市郷育魅力化コーディネーターという市の仕事や、高校の学生寮の宿直などを掛け持ちしています。

「田舎は人手不足なので、スキマ仕事のニーズがあるんです。確かに、平日9～5時勤務の正社員の仕事を探そうとするととても限られますが、そうじゃない仕事を組み合わせれば、問題なく暮らせると感じました。忙しくないわけじゃないですが、子どもと一緒にいられる時間が長いのがうれしいです」

二人は、「まにわ里山留学」という新たな制度にも関わっています。自宅の2階を改修し、一度に3人までの子どもを都会から受け入れる宿泊施設にしました。1泊2日から、1週間、1年単位とコースが選べて、自然豊かな農山村を経験してもらう機会として用意しています。自宅の旧納屋部分は、地元の子と留学生が放課後一緒に遊べる場所として開放しています。

「都会ではしんどい思いをしている子がいるはずで、ここで里山暮らしに〝まみれる〟ことで、自分らしい生き方を見つけることができたらいいなと考えています。『ビッグイ

樋田碧子さんと川上翔さん

シュー』のおかげで、子ども以外にも生きづらさを抱えている人とのつながりが僕らにはあります。そういう人たちも含めて真庭で合宿やサッカーをする機会を設けて、人がちょっとずつ交われる場所をつくっていけたらなと思っています。

真庭では、単純に人口が少ないために、自分自身が担わなきゃいけない役割が多いというのもあるけど、その分、一人ひとりが必要とされ、尊重されます。もちろん、それぞれ地域のしがらみもあるとは思いますが、都会で生きづらさを抱えている人に田舎に行くという選択肢と環境を僕らが用意したいんです」

中和で暮らし始めて三年目の2人は、今後、徐々に地域になじんでいくことを目指しています。

「正直、私たちはまだよそ者で、地域のしがらみがないために居心地良く過ごさせてもらっている部分もあると思います。これから消防団に入ったり、子どもが大きくなって小学校に入ったりしたら地域活動に携わる部分は増えていくと思います」と碧子さん。

翔さんは「真庭には地域の助け合いがある」と語ります。

「大阪にいた頃は、お隣さんの名前や家族構成も厳密にはわかっていなかったけど、こっちに来たら地域の人たちとお互いのことを知り、何か困ったときはサポートし合える環境がありました。自治会も全員加入しますが、自治会長が順番に回ってくるのでむしろフェアだと思うし、最近は若手たちが『鞴の会』として集って活動もしています。このつながりは居心地がいいし、これからもどうにか暮らしていけそうだと思えます」

ＮＰＯを立ち上げ、里山留学で外の子どもたちも受け入れている川上さん・樋田さん夫妻は、「都会で生きづらさを抱えている人が田舎に行くという選択肢と環境を用意したい」と口を揃えます。

言葉やＳＮＳをうまく活用しながら、自分を主張し、承認欲求を満たす生き方は、都会では当たり前かもしれません。しかし、そんな都会の価値観や生き方とは合わない、でも人と何らかの形で関わって生きることを模索する人たちを応援する、社会の縁側、のりしろのような場を創造する若い移住者たち。彼らは、地域の〝起業家〟のように思えます。

限界集落「石徹白」にもたらされた活気

最後に、単なる移住に留まらない、地域の新しいリーダーの形をご紹介しましょう。

岐阜県郡上市の石徹白。冬には2、3メートルの雪が積もる（写真提供：石徹白洋品店）

岐阜県郡上市白鳥町の石徹白《いとしろ》は、近年移住先として注目を集めています。

日本三名山に数えられる白山の南山麓に位置する小さな集落で、古くは白山信仰の宿坊の村落として栄えた地域でした。標高７００メートルに位置するため、夏は寒冷ですが、冬は大雪に閉ざされます。

この地域も過疎化が進み、昭和30年代までは１２００人ほどだった人口は、２０１１年には２５０人まで減少。高齢化率50%を超える限界集落でした。そんな石徹白の転機となったのが、平野さん夫婦の移住でした。

石徹白の伝統的な衣服をベースにした服作りを営む「石徹白洋品店」。その店主、平野馨生里《かおり》さんが石徹白に移住してきたのは２０１１年のことでした。現在は夫の彰秀《あきひで》さん、４人の子どもと家族６人で暮らしています。

平野さん夫妻は、過疎地域に産業を生み出し、新しい地域自治、新しい地域経営の形をつくった、新しい地域のリーダーと言える存在です。

忘れられた作業着「たつけ」を蘇らせる――平野馨生里さん

馨生里さんは、２００７年に石徹白を初めて訪れたときから「ここに住む！」と確信したそうです。

「ここでは子どもは皆に抱っこされてニコニコしていて……民俗学者・宮本常一の本などを読むと、昔の日本は石徹白みたいなところだったんだろうと思います。天国みたいな場所。この石徹白の中でも受け継がれずに消えそうになっているものがあるので、それをなんとかしたいという気持ちで暮らしています。石徹白で生きてきたお爺さん・お婆さんたちのようになろうと思って、骨を埋めるつもりで移住してきました」

移住当初約２５０だった人口は、現在では２００人ほど。若者は地域から出ていき、お年寄りは亡くなり、人口減少が急速に進んでいます。しかし、平野さんたちの努力もあり、現在の人口２００人のうち、約40人を移住者が占めています。

「お隣さんは、『石徹白はこのままで良いと思っとるじゃ』と言うんですけど、自然減を続けるこの地域では〝このまま〟を維持するのがとても大変です。だから、私たちはすごく努力をする必要があるんです」

馨生里さんは岐阜市の郊外で生まれ育ち、小学生の頃にテレビで湾岸戦争の報道を見たことをきっかけに人道支援や国際協力の仕事を志しました。

しかし、大学入学後にフィールドワークでカンボジアに行ったところ、お金を持っている日本人が貧しい現地人を助けているような様子に違和感を覚えて、国際協力の本質に疑問を抱きます。

「図書館でカンボジアのことを調べていたら、ポル・ポト時代に廃れてしまった絹織物産業の復興を手掛ける森本喜久男さんの『メコンにまかせ　東北タイ・カンボジアの村から』（第一書林）という本に出会い、とても感銘を受けました。実際に森本さんにも会いに行き、話を聞いてみて、カンボジアを研究のフィールドに決めて、毎年通うようになりました」

馨生里さんがカンボジアに通い始めた当初、森本さんは、とある荒野を村に蘇らせる活動に着手し始めたタイミングでした。馨生里さんは無謀だと思ったものの、訪れる度に家

平野馨生里さん（写真提供：石徹白洋品店）

が増えて、学校が建ち、村になっていく変化を目の当たりにし、大きな影響を受けます。

「実際にカンボジアに行ったらみんな幸せそうで、むしろ現地の方に学ばせてもらうことが多かったです。現地で織物をしているお婆さんに、『あなたにとって織物って何ですか？』と聞いたら『自分と切り離せないくらい大事なもの』と言われて、かっこいいなと思ったし、自分にはそういうものがないとも気づいた。それからは、自分の地元にも目が向くようになりました」

その後、大学在学中に岐阜市のまちづくりNPO「G-net」に連絡を取って、東京支部として岐阜のPRを東京で行うように。一度は都内でPR会社に就職をしたものの、その間に岐阜の活動が盛んになったため、岐阜へとＵターンしました。
「平成に入ってからつくられなくなってしまった、岐阜の水うちわを復活させる活動を２００４年から始めたんです。岐阜でイベント会社に勤めながら活動していましたが、その活動がＮＨＫで取り上げられたり、出版の依頼があったりして忙しくなってきたので、２００７年に退職して、フリーランスでライターの仕事などをする生活を始めました。石徹白に初めて来たのは、２００７年の８月。水うちわを復活させる活動の中で、水うちわが１００年後にも作られ続けるためには、うちわに使う竹が採れる山を整備しないといけないし、職人が作り続けられる環境を担保しなければならない、ということで『長良川持続可能研究会』というのを仲間と一緒に立ち上げたんです。

　現状のままでは、お金と人が地域の外に出続けてしまうという問題意識がありました。職人が地域の中で安心して仕事できる環境をつくるために、衣食住、エネルギー、福祉、教育はある程度地域の中で循環させる必要があったんです。そこで、まずはエネルギー問題に取り組んでみようと、水力発電の適地を探しに、初めて石徹白を訪れました」

　後述しますが、石徹白は、１００年も前から地域内で水力発電を行ってきた地域でした。そこで水力発電を再び始める取り組みをしながら、馨生里さんの中で、石徹白の自然と人々に惚れ込み、移住する気持ちが高まっていきます。

雪深い地域のため、同じ市内の人からは「絶対にやめたほうが良い」と言われたそうですが、冬を3度経験してみてもその決意は変わらず、２０１１年に夫婦で移住しました。

「それまで研究会で、食料の自給が大切だと頭でっかちに話していたのですが、実際に移住して野菜を作ってみたら、全然上手くできなくて、私は一体何を学んできたんだろうと。だからこそ、自分の食べるものをきちんと自分たちで作っている地元の人たちにいっそう惚れ込んでいきました」

移住後、水力発電事業は夫の彰秀さんが担うことになり、自身は服飾の仕事を始めることになります。

「水力発電関連の事業は専門的な知識が必要となるので、だんだんと荷が重くなってきてしまって。それで、自分は自分でやりたいことを始めてみようと服作りを始めました。地元の人と一緒にできる仕事を考えたとき、ここは雪深い地域なので手仕事が良いだろうと思ったんです。2年間服飾の専門学校に通って、一冬をかけて準備して、２０１２年に石徹白洋品店をオープンしました」

当初は普通の洋服を作っていましたが、あるとき、石徹白ならではの衣服に出会います。先述した森本さんが石徹白に遊びに来たとき、近くの石徹白小枝子《さえこ》さんという方の自宅にある、地域の伝統的なものを集めた「古い物資料館」に案内しました。すると森本さんが、そこに展示されていた「たつけ」に目をとめます。

「これはすごい。君はこれを作るべきだよ」

それが、現在石徹白洋品店の主力商品となっている、たつけとの出会いでした。たつけとは、石徹白で、農作業時に穿かれていたズボンのことです。

「たつけの存在自体は知っていましたが、すでに石徹白では日常的には穿かれなくなっていました。でも、たつけについて調べていくうちに、動きやすく機能的に素晴らしいことや、端切れが全く出ず、環境にも良いといったことが分かりました。そこで小枝子さんに教わりに行きました」

すでに地域では使われていなかったたつけでしたが、これまで日常的にたつけを自分たちで作り、穿いてきた地元の人は、作り方も体にしみついていたそうです。

「作り方のメモも何もないので、『ここを切って、ここを縫って』と、どうなっていくのか全くわからないまま、小枝子さんとこたつを囲んで言われるがままに作っていきました。でも完成すると、聞いていたように全く端切れも出ず、美しいたつけができ上がり、その凄さを実感しました」

小枝子さんから教わった寸法や作り方をもとに、試行錯誤して現代人用に作り直し、２０１３年にたつけを商品化しました。当初は店舗のみの販売だったため、たつけが実際に使われていた当時の写真の展示会を開催するなどして、石徹白まで人を呼んだと言います。

「最初は知る人ぞ知るという感じで、マニアックな人が買ってくれる印象でした。今ほど地域移住が盛んではないときだったので、『まだ若いのに、こんな山奥でどうしていくつ

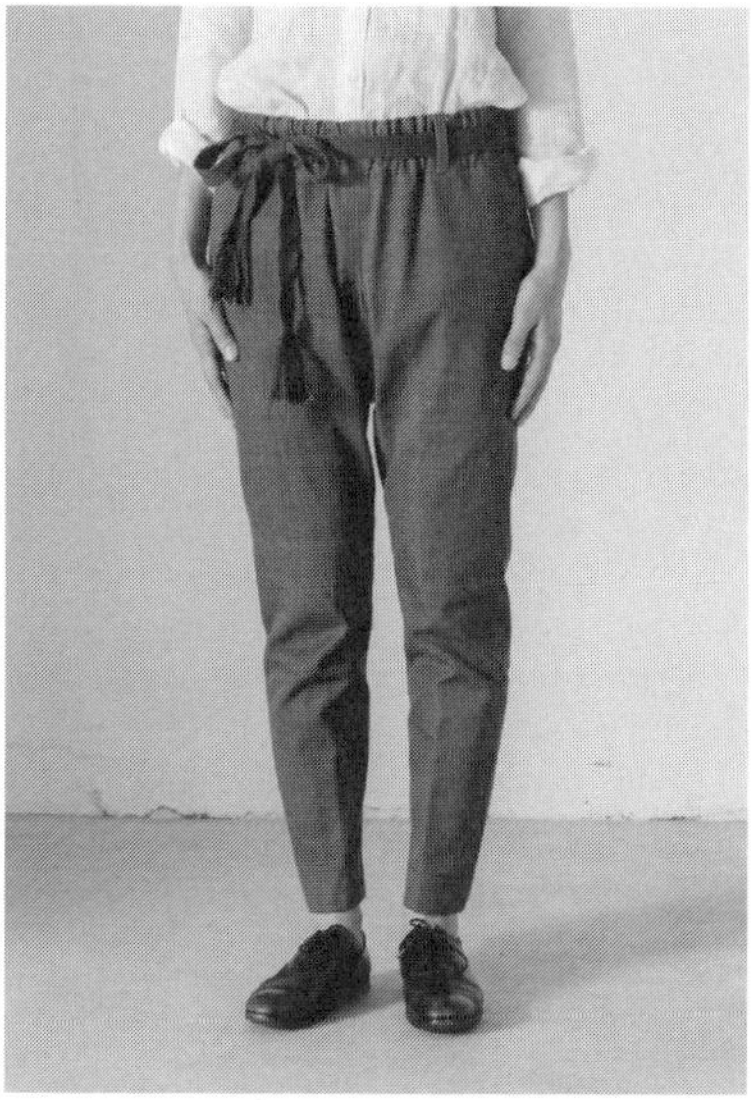

アレンジされた石徹白の農作業着「たつけ」
（写真提供：石徹白洋品店）

石徹白洋品店で行われている藍染（上写真提供：石徹白洋品店）

もりなんだ』と言う人もいたし『先進的だね』と言ってくれる人もいました。少量生産ですし、原材料費などのコストもあるのでどうしても値段が高くなってしまうのですが、石徹白洋品店の商品を通して、まずは外の人にこういう素敵な場所があるんだと知ってもらって、ここに来てもらうために始めました。地域を維持するためには、最終的には移住者が増える必要がありますが、まずは知ってもらわないと始まらないので」

服に使う布は、地元の材料を使っての藍染・草木染をしています。

「経営的に見たら藍染・草木染を続けることは難しいのです。でも、染料となる栗のイガやヒメジオンをいただいたり、藍を育ててもらったりすることで地域の人とつながれるし、石徹白の自然を〝色〟として表現して伝えていけるので、私にとっては譲れない部分です」

地域の力で復活させた水力発電——平野彰秀さん

馨生里さんとともに２０１１年に移住した夫の彰秀《あきひで》さんは、石徹白で水力発電事業を立ち上げ、現在は石徹白での地域づくりの活動やＮＰＯ、石徹白洋品店の経営に関わっています。

彰秀さんも、馨生里さんと同様、岐阜市の郊外で生まれ育ちました。実家の周辺には田んぼが広がっていましたが、幹線道路の開通によってその景観が壊されてしまった経験が、現在の活動の根幹にあると語ります。

「実家の周辺の田園風景を取り戻せないかと、高校生の頃から環境問題に関心を持つようになりました。大学では、人間による開発と環境との調和について学びたいと考え、東京大学工学部の都市工学科で学びました」

岐阜から東京に出てきた彰秀さんにとって、関東の都市の成り立ちは新鮮に映りました。

「東京では明治時代には大学と住宅地を作って鉄道を通していて、都市には人の意志が介在しているのだと知りました。それで、どこかの地域をより良くする仕事ができたら良いなと思うようになりました」

大学院でいろいろな地方の町づくりに携わった彰秀さんは、その後商業施設の開発と経営コンサルタントの仕事に携わります。

「いずれはどこかの地域に腰を据えたいと思っていたものの、当時はまだそのやり方もわからなかったので、ひとまず就職しました。それと並行して始めたのが、岐阜市を良くす

平野彰秀さん（写真提供：石徹白洋品店）

るための活動でした。その頃の岐阜って、駅前でタクシーに乗ると、運転手に『何しに岐阜に来たんや。見るとこなんかあらへんで』と言われるようなところだったんです。

　ちょうど僕らが大学生だった90年代はベンチャー企業が盛り上がっていたので、岐阜でも何かできるんじゃないかと岐阜の若者を集めて、ライブイベントなどの活動をしていました。それは現在でも『Ｇ-ｎｅｔ』というＮＰＯとして続いています。馨生里とはそこで出会いました」

　その活動と併せて、長良川流域を持続可能な地域にするための「長良川持続可能研究会」にも参加。地域内でエネルギーを賄っていくことの重要性を感じ、２００７年に水力発電事業に携わるため、本格的にＵターンします。

先ほども触れたように、石徹白は１９２３（大正12）年から昭和30年代まで、地域内で水力発電が行われてきた歴史があります。

「かつてできていたのだから、現代ならもっと上手くやれるはずだという思いもありました。〝都会のキャリアを捨てて〟みたいな表現がよくありますけど、僕には捨てるという悲壮な覚悟はなくて、都会で起業する人もいるように、自分は石徹白でチャレンジするんだというフラットな感覚でやってきました。

石徹白では石器や土器が出土していて、縄文時代にはすでに人が住み着いていたと考えられています。それほど長く続いた集落が、経済成長の中で人口減少によってなくなってしまうのは惜しいと思ったんです。自分の人生をかけるに値する場所だと思いました」

彰秀さんは石徹白に通い、移住する中で、地元の人々の価値観にも感銘を受けます。

「みなさん移住を歓迎してくれました。移住当時に受け入れてくれたのは、昭和10年代後半生まれの人たちでした。僕の親も昭和18年生まれなので親と同世代なんですが、石徹白の人とはむしろ自分の祖父と話しているような感覚があったんです。というのも、僕の祖父はご先祖様のおかげで自分があるとよく口にしていました。そして、石徹白の人たちもそういうことをおっしゃいます。

石徹白の人は自然や先祖を大事にして、自分の食べるものは自分で作らなくてはいけないという考えを持っています。白山信仰のある地域であることも関係していると思いますが、天気が良くてもありがたいと言うような心を持っていました。

都会の尺度では、自分の力で何かを成し遂げたと誇示する部分が大きいように思いますが、よくよく考えると先祖代々のつながりのおかげで自分が存在することは紛れもない事実です。石徹白で過ごす中で、自分ばかりを優先して生きることが逆に不自然なことのように思うようになったんです」

地元の人たちとの関わりを深めながら、ＮＰＯや地域の人たちの理解と協力も得ることで、石徹白に再び水力発電を復活させる試みを進めていきます。

「石徹白での水力発電はダム式ではなく、既設の農業用水の落差をエネルギーに変える方式を採っています。まずは試験的に水車を手作りしてみましたが上手くいかず、次に大学との共同研究で２００９年にらせん水車、２０１１年に上掛け水車を作りました。まだまだ発電量は小さなものでしたが、その頃から石徹白の水力発電を取り上げてくれるメディアも増えてきました。当初は、遠巻きに見ている地元の方もいましたが、徐々に地域の理解を得られるようになっていきました」

その後、2013年には自治会長が発起人会をつくってくれ、2014年に石徹白の住民で組合を設立。県や市の補助金と集落ほぼ全戸の出資を合わせて、総工事費2億4000万円が集まりました。そうして2016年、「石徹白番場清流発電所」の稼働が始まります。

「工事費用は集落として大きな出費でしたが、多くの人が『このままでは集落がなくなる』という危機感を持っていたからこそ実現できたと思っています。現在では集落の電気使用量の約2倍の発電ができるようになり、年間約2600万円の収入を生み出してくれています。このお金は耕作放棄地の再生や、高齢者の買い物支援など、地域のために使われています」

石徹白で10年過ごしてみて、平野さんの周りの反応も変わってきたそうです。

「10年ここで暮らして思うのは、石徹白のように自然の中で人々が協力しながら暮らすこ

2011年に設置された上掛け水車（上）と、2016年に稼働が始まった「石徹白番場清流発電所」（下）

とを大事に思ってくれる人が増えてきた、ということです。『10年前はわからなかったけど、平野たちのしていることは先進的だったんだね』と言ってくれる人が出てきたり、母校や同窓会で講演を頼まれるようにもなりました。

石徹白では食べ物が身の周りで取れるし、水がどこの山から来ているかも見えます。動植物が生まれては死んでを繰り返して、自分の命がその生死によって支えられていることをリアルに実感できるのです。その意義は、既存の資本主義の社会に身をおいていたからこそ、俯瞰して見られたのだと思います」

平野夫妻の活動はメディアにも取り上げられるようになり、移住者が次第に増えていきました。石徹白の人口に占める移住者世帯は、現在16世帯・約40人にのぼります。

「石徹白は郡上市から車で山道を1時間以上、さらに冬は雪に閉ざされる環境なので、みなさん覚悟を決めて移住してきます」と馨生里さんは語ります。

病院も警察も消防署もない石徹白での暮らしは、地域の人々とのつながりで成り立っています。だからこそ、移住者は暮らしの一部として地域活動に参加しています。

「石徹白には白山中居神社があって、移住者も必ず氏子になります。今では氏子総代も移住者が多くなっていて、祭りに参加しない人はいません。消防団などの地元組織にも当たり前のものとして参加しています。

石徹白はそんな、人と人のつながりで成り立っています。お葬式も地域の人々の手伝いで行われるので、死ぬときにも地域のつながりが必要です。都会ではお金と引き替えに享受できるサービスがあるから必要性を感じられないかもしれないですが、ここではお惣菜も気軽に買えないので、日常的にご近所さんとおかずや野菜をお互いに交換し合うようなつながりがある。それがすごくありがたいし、そんな関係をこれからも続けていきたいです」

DoではなくBeの生き方

岡山県の中和と、岐阜県の石徹白に暮らす、計5組の方たちの生き方を紹介しました。みなさんに共通するのは、自分たちの生き方を、自分たちで模索し、見つけていったということです。平たく言えば、自分の人生を自分で決めるということですが、実際に移住した先にあるのはテレビで紹介されているような「楽園」というわけではありません。濃密な人間関係や、場所によっては過酷な自然環境など、都会の暮らしでは出会うことのない煩わしさにも直面します。実際に、その煩わしさに耐えかねて、もとの都会に戻る人もいます。

しかし、「煩わしい」つながりの中で生きることは、必ずしも個人の在り方が抑圧される、ということではありません。現に彼らは、自分らしく生きることを追い求めた結果いまの場所にたどり着き、その地域で暮らし続けています。彼らは必ずしも、もともと環境意識が高かったというわけでもありません。自分の生き方や人生における大切な仕事とは何かを探す中で、新しい暮らしにたどり着いたのです。

彼らが生き方の主軸に置いているのは、Do（何をするか）ではなく、Be（どうあるべきか）ではないかと思います。

どのような職業につき、どれほどの収入を得て、何をするのかといった評価軸ではなく、何を大切にして生きたいか、どういう風に自分らしく生きるか、ということを人生の軸に据える考え方です。例えば「どれぐらいお金を稼ぎたいか」といったDoに基づいた考え方であれば、どう成果を上げるか、どこに転職するか、といった短期的かつ自分中心的な思考になりがちです。しかし、「自分は人生を通してどうありたいか」というようなBeの考え方では、家族や周りの人、自分まで命をつないでくれた先祖たちなど、長期的かつ、自分を形成する人間関係までふくめて目が向くようになります。

真庭市の、ゼロエミッションで持続可能な地域をつくる「里山資本主義」の根幹を成すのは、Beの考え方であり、人とのつながりと思いやりです。

幸せな社会とは何か

私は全国で地域づくりに携わっていますが、地方を回っていると、幸せな社会とはいったい何だろうかといつも考えさせられます。

首長さんの中にはまだまだ、外から人を集めてお金を儲けることが地域活性化だと思っている方も多いと感じます。しかし、そのような経済を中心とする世界がそう長くは続かないことは、この本をここまで読んでくださった方にはわかっていただけると思います。

地域の人々の多くは大儲けすることを求めてはいません。それよりも、圧倒的に多くの人たちから聞いたのが「自分が人の役に立っていると思えるのが幸せな社会だ」ということでした。

愛知県豊田市の山間部にある、愛知厚生連足助病院の1階に「贈与の広場」という場所があります。

過疎が進むエリアで町までは遠いので、みんな何かあればこの病院にやってきます。山中で一人暮らしをしている高齢者も多く、彼らはコミュニティバスに乗って薬をもらいに訪れます。彼らの子どもたちは、自動車産業の繁栄に比例してみな街中へ出て働くようになり、より便利な都市部に自宅を構えています。一人取り残されたおじいちゃんやおばあちゃんたちは自分の家の前の小さな畑で自給用の野菜を作り、食べきれない野菜を「贈与の広場」に置いていくのです。

贈与の広場にあるものは誰がもらってもいいので、近所のお母さんたちは喜んでやってきます。野菜を持ってきた人は、診察を済ませて1階に降りてきて、自分が持ってきた野菜がなくなっているととても喜びます。つまり、自分が持ってきたもので、誰かが喜んでくれたのだと。院長は、「薬よりもはるかにそっちの方が効くんです」とさえおっしゃっていました。

自分の作った野菜をもらってくれる人がいることで、こんな山の中で、年老いて社会の役にも立たなくなった（と思っている）自分が生きている意味を知り、自己を肯定する。そのことで社会とのつながりも感じられ、励みになる、元気になる。人はいかに些細なことであっても、社会の中で自分が「必要とされている」と感じることが生き甲斐になるのだと思います。

非常にシンプルですが、自分のいる地域で、自分の役割を感じられること。自分が必要とされている、そして相手には「あなたが必要だ」と伝える、そのように互いが自分の役割を実感できることこそが、経済的豊かさだけを求める社会に抵抗できうる、唯一の持続可能な生き方ではないか、と思うようになったのです。

地に足のついた暮らし

日本は戦後80年で、GDPを向上させることが幸せな暮らしをもたらすと考えてきました。

焼け野原になった日本を世界の一等国にするために、経済を重視して生産性を上げようと努力してきた結果として、モノは豊かな社会になりましたが、一方、お金だけで価値をはかるようになりました。賃金の発生しない家事や育児、介護も重要な労働であるにもかかわらず、相変わらず価値の低いものとみなされています。

年収が高い方が幸せだと皆がなんとなく思うようになり、「これは1億円の価値がある」と言われたらすごいと思うようになりました。しかし本来重要なのは、金額ではなく自分の価値観に照らし合わせることのはずです。いくら金額が高くとも自分にとって価値が見出せなければ自分には必要のないものですし、みんなが見向きもしなくとも、自分が大切に思えるものなら大切にしていいはずです。しかし、お金という便利な尺度があることで、自分の価値観さえもお金に左右されるようになりました。裏を返せば、ある意味この80年は、自分のものさしを放棄した時代と言えるのかもしれません。

だからこそ、これからの50年、１００年先のことを見据えた価値観が必要なのだと思います。

現在、私が地方で若い世代の方と話していると、彼らは「地に足がついた暮らし」に価値を見出しているように感じます。

「地に足がついた暮らし」とは、できる限り自然から得られるものを食べ、持つモノは必要最低限にすること。そして、表面的な人間関係ではなく、自分が属するコミュニティの中で、自分が必要とされていること。その暮らしの中では、あらゆる人と世代がシームレスにつながっています。

近年では若い方が地方に多く移住しています。中にはミスマッチが起こることもありますが、その多くは自然の中で〝都会の感覚〟で暮らしたいという場合です。地域の人と関わることなく、家でリモートワークするばかりではうまくいかないということは容易に想像できます。逆に、本章で紹介した方々のように、移住者が地域を知ろうとし、地元の人と心を開き合うことで、地域をつくる一員になっているケースもあります。「なりわい塾」はその一助となるために行っています。

個性を持った人同士が、お互いが持つ弱みまでも許容しながら、自分たちの暮らす地域社会を考えていくことで、持続可能なコミュニティはつくられていくのだと、私は思っています。

地方に暮らしている方々と話していると、このような言葉を耳にします。

「地域の人たち皆がお互いを理解し、自分たちの暮らしのために仕事をする。幸せな社会とは、そういうことなんじゃないか」

自分ではなく、自分たちのために仕事をし、暮らし、生きていく。そんなBeの生き方が、これからの幸せな社会をつくるのだと思います。

終章

森と算盤

『森と算盤』も、最後の章になりました。

本書ではこれまで、日本人の暮らしと経済の変化について何度か触れてきました。里山でも都市部でも行われてきた循環型の暮らしから、貨幣経済と資本主義の発達を経て、高度経済成長期以降の大量消費社会へ。このままお金だけを基準とした、欲望にまかせる暮らしを送っていては地球環境がもたない、そして何より、生きる幸せを感じられない人も出てきています。

そんな考え方のもとで、「森と算盤」――自然と経済活動を両立させ、その中で自分の生きる意味を追い求める新しい暮らしを選ぶ人々が登場していることを、第5章では紹介しました。

終章では、これまで本書で書いてきた内容を振り返りながら、これからの私たちに必要な新しい価値観とは何か、そして、身の回りの地域をいかにつくり、その中でいかに生きていくべきかを考えていきたいと思います。

物々交換と貨幣経済

まず、お金と人間の関係について振り返ってみましょう。私たちの生きる現代社会では貨幣を使うことが当たり前になっていますが、古くは物々交換が行われていました。

私には、物々交換と貨幣経済の違いを実感した体験があります。大学院の頃に３ヶ月ほど、西アフリカのガーナという国の砂漠地帯の近くに滞在したときのことです。当時、その地域には物々交換の市場と、お金で物のやり取りをする市場の両方がありました。お金を媒介としたマーケットは、にぎわって規模も大きく活気にあふれています。一方、物々交換の市場はのんびりしたもので、活気はありませんが喧嘩や殺し合いは起きません。お金を媒介とした市場では、殺し合いや泥棒が日常茶飯事でした。

物々交換は規模的には小さいものです。売り手と買い手双方の要求の度合いによって、その日その日でレートは変わります。お互いがコミュニケーションを交わし、それからネゴシエーションを行い、落としどころを見つけながら行われます。ある日は鶏一羽がヤムイモ５本と交換できても、また別の日にヤムイモを買いたい人が多ければ、鶏一羽に対してヤムイモ２本との交換になったりする。人がどのくらいその物を必要としているかによって、物のレートは絶えず変わります。取引の大体の目安はあるにしても、その物がいくらという価格表はありません。相手への信頼とネゴシエーションによってその物の価値がその場で決まるので、必ず人と人とのコミュニケーションが先にあって、その後に物のやり取りが起きる。相手と価値を擦り合わせようとする、コミュニケーションと共感をベースとした経済なのです。そのため物々交換のマーケットで殺人や暴力が起きることはあまりありません。

ところが、そのやり取りに貨幣が登場することで、人々の関係は一変します。貨幣経済によって一気にマーケットの規模が大きくなり、一対一のコミュニケーションではなく、たくさんの人々が経済活動に参加するようになりました。レートは一日単位でさほど変わることはなく、コミュニケーションも少なく若干のネゴシエーションがある程度で、取引量は格段に多くなります。確かに、貨幣の価値はすべての人の前に平等で、とても明快なものです。１００円の価値は誰にとっても１００円です。商品に１００円という値札が付いていれば、買い手は売り手とコミュニケーションせずとも、１００円を渡すだけで買い物ができます。ただ、相手と共感や信頼関係を築かずとも成立できる経済では、「騙す」あるいは「奪う」といった暴力の入り込む余地が生まれるようになりました。

言うまでもなく、貨幣は紙屑であり、それ自体で価値を持つものではありません。しかし、国や機関が信用を与えることで、価値あるものに変化します。その意味で、集団幻想に近いものかもしれません。貨幣が誕生したことで、価値あるものがコミュニケーションからお金へと変わっていったとも言えるでしょう。

環境破壊から地球破壊へ

渋沢栄一が「合本主義」を提唱した頃にはまだ、人と人との信用やコミュニケーションといった、身分制以前の人間の平等性が前提にありました。

しかし、栄一が考えたような人間同士の信用を基盤とする合本主義は、その後日本で資本主義が浸透する中で忘れ去られます。第二次世界大戦にいたる過程では、軍部の思いは戦争、経営者は自身の企業の発展、政治は国の拡大、とそれぞれが資本主義の平等性をうまく使い、呉越同舟でありながら、挙国一致で戦争資金を調達しました。戦争が始まると、その中で戦争の勝利が最優先であるという考えに統一され、統制経済へと向かっていきました。そして敗戦の翌日になると、今度は悪いのは軍部であって、国民ではなく国家でもないという考えのもと、資本主義を信用して、戦前の国家がつくった郵便局というシステムに郵便貯金として手元資金を預けたわけです。進駐軍の将校は、敗戦によりなくなった国家のシステムを信じる日本人を奇異に見ていたと言われます。

その預金は、傾斜生産方式と呼ばれるシステムの中で、国の再建に必要と思われる産業分野に優先的に投入され、朝鮮戦争という軍需にも支えられて高度経済成長期へと日本を導きました。まさに資本主義が、この国の骨格をつくってきました。経済はバブル期や何度かの破綻を経て、実際にあるモノやサービスの売買ではなく、コンピュータの中での実態を伴わない、お金がお金を生む仕組みへと変化していきました。

さらに、資本主義社会が加速するにつれ、情報や流通技術の発達に伴って、より安く仕入れるために、地球の裏側からもモノを集めるようになりました。そこでは消費者のニーズが優先され、そのための効率性や価格、「労働生産性」が問われ、そうした経済活動をすることで仕入れ先や製造元である現地の人間や自然をどれだけ搾取し、地球に負担をかけているかは考慮されませんでした。「持てる者」「持たざる者」という社会の二極化を生み、結果として環境破壊が引き起こされました。マングローブの森を伐採して薪や炭を作ったり、エビの養殖池を作ったり、お金を得るために自然が破壊されていきました。

そんな現在の人類が抱える問題のアンチテーゼとして湧き上がったのが、ＳＤＧｓという取り組みです。しかし、〝環境と経済と社会の調和〟と言いながら、ＳＤＧｓの本質はまだまだ理解されていないのが実情でしょう。よく企業では、ＳＤＧｓに掲げられてる目標のうち、うちの会社ではこれに取り組んでいます、と謳っていますが、どれかに取り組めば良いというわけではありません。本来の意味で持続可能に生きていくためには、今の価値観と社会システムを抜本的に変革させる必要があります。その新しい仕組みを考えて取り組んでいかなければ、環境破壊から「地球破壊」へと突き進んでいくフェーズに私たちはいるのです。

その地球破壊の根源にあるのは、環境破壊だけではなく、経済の暴走と地域社会の崩壊、その奥にある人間の心、「欲望」だと私は考えています。人間の欲望が文明の発展をもたらしたのは事実ですが、欲望には限界がありません、もっと便利に、もっと多く、もっとおしゃれに……その無限の欲望が、現在の地球環境の破壊を招いたことも、同時に事実なのです。

私がこれまで里山資本主義を実践したり、なりわい塾を開いてきたのは、少しでも人間の生命を支える自然が残る、その地域で暮らす人々と一緒に考え、悩み、試みることで、子どもたちの未来を希望あるものにできないかと考えてきたからです。そんな小さな地域のつながりから持続可能な社会の実現を夢見ています。

持続可能に生きるための三つの価値観

第5章では、都会から地域に移り住み、新しい生き方を実践している方々を紹介しました。しかし、皆がただ都会から地方に移住したり、里山資本主義的な経済活動を実践すれば、地球は良い方向に向かうのでしょうか。

私はその前に、まず前提となる心、つまり人間の価値観と、暮らしのモデルを転換させる必要があると思います。

本書の最後に、私の考えているモデルについてお話ししたいと思います。

1. 労働生産性から資源生産性へ

一つは、労働生産性から「資源生産性」への転換です。

これまで重視されていたのは労働生産性でした。人間がどう効率的に働き、人間社会に還元していくかをベースとした価値観です。労働生産性の根底に流れているのは「もっともっと」という欲望です。「もっとサービスを」「もっと速く」「もっと多く」と限りなく求めていくものです。

しかし、本書でも紹介したエコロジカル・フットプリントや石油の残量などのデータを見れば、人類が使える資源の限界は明らかです。コロナ禍の3年間、世界経済に強制的にブレーキがかかったことで地球環境は一時的に、劇的に改善されました。そこでは、自分たちの経済活動がもたらす環境への影響が、目に見える形で現れました。

現在、あれほど世界中がパニックになったコロナ禍も、忘れられたように経済活動は戻っています。もう一度私たちは、「地球は有限である」という当たり前の前提に立ち戻る必要があります。

このときに必要な価値観は、労働生産性ではなく、「資源生産性」だと思います。目に見える範囲に存在する、限りある資源をみなで共有しながら、どれだけ労働力、雇用、新しい技術を生むことができるか。これは、「私たちの手元にある資源はどれぐらいか」を出発点として、再び経済をつくり直していくための価値観です。

これは何も新しいモデルというわけではありません。第3章で述べた通り、江戸時代には皆が実践していたことであり、比較的近年まで、あるいは場所によっては現在も、里山で暮らす人々が実践し続けてきたものです。

2.「足るを知る」に立ち返る

その資源生産性を支えるのが、「足るを知る」という概念だと私は考えています。「足るを知る」は古代中国の思想家・老子の言葉です。『老子』には、「知足者富、強行者有志（足るを知る者は富み、努めて行う者は志有り）」と書かれています。「満足することを知っている人は精神的に豊かであり、その上で努力を続ける人こそ、本当の志を持っていると言える」という意味です。

「足るを知る」という言葉を聞いたとき、私はいつも先述したウルグアイの元大統領ホセ・ムヒカのスピーチを思い出します。

「貧しい人とは、少ししか持っていない人のことではなく、『もっともっと』と際限なく欲しがる人、いくらあっても満足しない人のことだ」

必要以上を求めない、その中で工夫し続ける――「足るを知る」は、「もっともっと」と対局にあるような考え方です。資本主義が浸透している現在に「足るを知ろう」などと言えば、「現状に満足するな」「求め続けなければ取り残されてしまう」などと言われるかもしれません。

しかし、実はこれまで「もったいない」や「罰が当たる」ということを当たり前のように口にし、実践してきた日本人にとって、「足るを知る」はなじみ深い考え方です。江戸時代に立ち返るまでもなく、私たちは普段から、電気のつけっぱなしはもったいない、水の出しっぱなしはもったいないと思ったり、実際に電気を消すなどの行動を取ることはあるでしょう。余分に使わないようにしよう、という「足るを知る」「資源生産性」に基づいた考え方や行動を、私たちは日常においても少なからず取っています。

3. 共感ベース社会

「足るを知る」の大本にあるのは、「今の状態から、幸せという満足を考えよう」という、ある意味で自分を律する視点ではないかと思います。

渋沢栄一は『論語と算盤』で道徳と経済を結びつけて論じましたが、それは、経済活動の発達だけを求めていては社会を良くすることは難しい、と見抜いていたからでした。

しかしながら、栄一の警鐘も虚しく、資本主義は人々の欲望のままに走り続け、社会はすでに大量のモノを持ってしまいました。現在、「道徳」という言葉で人々を律することは難しくなっています。

現代において、道徳に代わる精神的基盤は、「共感」ではないかと思います。共感とは、相手のことを考えて、自分の意思も確認しながら、心をすり合わせていく作業です。いわば自分の心ののりしろと、相手の心ののりしろを重ね合わせる作業をすることで生まれていくものです。共感だけでなく、愛や恋といった感情も、そうした思いやりの中で育まれていくものでしょう。

この共感をベースにした暮らしはまさに、これまでの地域社会の中にありました。お互いを思いやり合う関係の中で対話し、暗黙知や風土・風習という非言語コミュニケーションも含めてやり取りしながら暮らしをつくり上げ、世代を超えて価値観やつながりや資源を伝えていきました。それは、皆が自分の利益だけを考えていては決して成り立たないものです。

今、私たちは情報化、グローバル化によって、素性の知らない人の発信した情報を見て、誰によって作られたかわからないモノやサービスを享受し、誰に届くかわからないような仕事をするようになっています。自然環境に対しても、幾年にわたって管理や保全に努めてくれた先人たちがいたはずなのに、目の前の利潤のためにその流れを簡単に断ち切ってしまっています。そもそも相手と接することや、先人とのつながりを感じる機会が少なくなっているので、必然的に共感や思いやりを醸成しづらい社会になっています。まさに「今だけ、お金だけ、自分だけ」という考えです。

ただ、共感をベースにした考え方は、いま若い世代を中心に浸透し始めています。

野球でいえば、イチロー選手と大谷翔平選手の姿勢が、一つの象徴のように思います。イチローは一生懸命に自分を磨いて、理想の野球選手を体現しようとする。いわば自分の肉体を、自分で経営しながら理想に近づけていくスタイルです。自分の理想を追求する姿勢は、戦後の経済成長期を経験した筆者の世代の考え方にも重なります。求道者の生き方です。私自身、それが人生で一番美しい生き方だと思ってきました。

対して、大谷翔平選手は、自分だけが理想の野球選手になれば良いわけではない、という考え方ではないかと思います。２０２３年のＷＢＣでのチームでの振る舞い方や、全国の小学校にグローブを配布するといった行動を見ていてもわかるように、「一緒に野球をやろう」と皆を巻き込んでいくスタイルです。彼はドジャースに移籍しましたが、それは単に自分自身が優勝カップが欲しいわけではなく、ファンや観客まで含めた、みんなで勝利を勝ち取りたい、そんな環境を求めたからではないでしょうか。私自身、今の小学生、中学生、高校生たちと話をしていると、彼らが一番求めているのは、共感やつながりであると感じます。新しい価値観を持った世代は、もうすでに生まれてきています。

「森と算盤」的生き方を実現するには

「資源生産性」「足るを知る」「共感」――これからの私たちが基盤にしていきたい三つの価値観を紹介しました。

　では、その考え方に基づいて、これからどのように地域をつくり、その中で生きていけばよいのでしょうか。

　何万年という日本人の歴史から見れば、これまで私たちを生かしてくれたのは、どこか遠い国から運ばれてくる食料でもなく、貨幣でもなく、身の回りの地域で作られるものでした。自分たちが手足を動かして育てた食料や、作った道具でした。持続的に暮らしていくためには、地域で、顔が見える範囲のコミュニティを大切にして生きていくということを、再び自分たち自身の中に落とし込んでいく必要があるのではないかと思います。

人間が顔を見て知り合って話ができる関係には、限界があります。その限界が、現在の地方自治体の人口や、地域の単位をつくってきました。コミュニケーションが保てる個体数は動物によっても異なり、霊長類学者の山極寿一さんによると、ゴリラは15頭ほどが一つのコミュニティの単位だそうです。

私は、言葉を持った人間であれば、２０００人程度までなら共感を持った地域社会を保てるのではないかと思っています。２０００人は大きな規模に感じられるかもしれませんが、少し大きめのホールであれば収まるぐらいの人数です。南ヨーロッパの基礎自治体の平均人口は１８００人、先に紹介した岩手県・吉里吉里が昭和三陸津波の被害を受けたときの人口は１７００人程度でした。吉里吉里が津波後、迅速に復興計画を作ったように、２０００人という人口は、集落内で団結して行動できる規模感だと言えます。

最大でもそれぐらいの規模のコミュニティの中で、自分たちが生きるためのものを、自分たちで得る、身の回りのことは自分でやる。一人や一家庭でできないことは周りの人と助け合う、という生き方を再び取り戻していく。自分の身の回りにいる人と、共感を基盤にした自治を行っていく。

現代に生きる私たち、特に若い世代は、人生においてお金やモノの豊かさではなく、ウェルビーイング（身体的・精神的・社会的にも良好な状態）を求めています。お金には換算しにくく、所得は少なくとも、幸せを感じさせてくれるものです。価値の指標をお金ではなく、自分たちを本当に幸せにしてくれるものに置くことで、少なくとも心はお金の縛りから解放されます。

かつて日本の農村では、一緒に汗を流し、一緒に食べ、一緒に呑み、笑い、泣くことで共感のベースをつくってきました。その前提にあるのは、同じ場所で、一緒に生きていくという覚悟です。これは今の言葉に言い換えれば、「持続性」と言えるかもしれません。与えられた自然、日照りや大雪や地震もある不条理な自然の中で、協力し合わなければ生きていくことはできませんでした。

しかし、歯を食いしばってそれをしていたわけではありません。不条理で苦しい日常の中にも、喜びや楽しみ、生きがい、皆で生きる誇りを持っていました。渋沢栄一が生きていたのは、少なくともそのような時代でした。

地域をつくるとは、肉体を持った人間が、いくつかの価値を共有し、心ののりしろを重ね合い、共感を確認していく行為です。そののりしろの重なり合いを、文化と呼ぶのかもしれません。以前の地域の暮らしにおいては、祭りや村芝居、神楽などが継承されていくことが、のりしろを重ねていく営みでした。

里山資本主義とは、新しい経済システムではありません。新しい地域文化づくりであり、地域で価値を共有する行為なのだと、私は考えています。

自分たちで、価値をつくり出す——それは人間として、最もクリエイティブな行為です。自分たちの足元にある地域の価値を創造し、皆で確認する。心ののりしろを重ねていき、文化を積み上げていく。地域間を肉体的に横断していき、ときにはＳＮＳで結びついていく。経済ではなく、想いをグローバル化していくこと。これこそが、渋沢栄一が唱えた「合本主義」ではないかと思います。

なにも都会を離れて自然の中に移住するだけではありません。自分の価値観や暮らし自体を変えていくことで、自然と経済を両立しながら持続的に生きていくための糸口をつくることができます。

お金やモノを否定するのではなく、それ以外の価値観を、有限な地球の中で、自分たちでつくり上げていく。そんな「森」と「算盤」を両立させる生き方を、ぜひ私たちで始めていきましょう。

持続可能な地球をつくるのは今の私たちであり、今の「あなた」なのです。

おわりに

私を知る人たちからはよく「渋沢さんの職業は？」と尋ねられます。経歴に記したように、何が本業なのかわからない人に見えるようです。

私は、成人してから「何者でもないもの」になりたいと思ってきました。

子どもの頃は、やはり多くの子がそうであるように「目立ちたい」「有名になりたい」とも思っていましたが、だんだん自分の生まれた渋沢という家系を意識し始めると、集団の中で自分を消す術を覚えていきました。お世話になった方の葬儀の席で、ご遺族の方々から私の名前が囁かれるのを聞いたとき、身がすくむ思いをしたことを覚えています。

地方に行くとそのことはさらに顕著となり、いつも上座が私の指定席になりました。何の実力もない、何者でもない若造が敬われる気まずさは、すっかり私を委縮させ、そこから逃げ出す術が、気配を消すことでした。しかし、ひとたび何者でもなくなった瞬間に、今度は自分の生きる社会の判断基準がなくなり、人生の壁と天井と床がぬけて、真っ暗な宇宙に放り出されたような怖さを覚えました。透明人間の人生になったような感覚です。

そこから自分というものを、見つけよう、つくりだそうとして、もがき始めたのが43

歳、ハウステンボスを退職した頃です。今思うと随分と奥手の人生です。

何者でもなくなった私の中で辿り着いた、すべてに優先する価値観は「自分で自分を養えるようになる」ということでした。自分の肉体がつくる人生に、自分の意思が責任を持って対応できる生き方とでも言うべきでしょうか。自分で食べるものを作り、あるいは自然からいただき、調理し、必要なだけを食する……そうして、私が一番偉いと思える人たちは、山や海で生きるための知恵や技を持ち、機械や科学技術に頼らず、質素に真摯に生きているおじいさんやおばあさんたちになりました。猫の額ほどの狭い畑で、背を曲げながら大根を作り、山の中で泥んこになりながら山菜を採る人々に出会うと、自然と涙がこぼれます。同時に、百姓の倅であった曾祖父・栄一を見直すことができるようにもなりました。

我が家には、栄一の書が何点か残っています。私には、真面目に実直に生きた人の書体に思えます。嫌々家督を継いだ孫・敬三の書体からは、優しさと繊細さが伝わってきます。彼らが生きていれば、今の時代をどのように見ているのか、時々思いを巡らします。栄一は私が生まれる20年以上前に鬼籍に入っていますし、敬三は私が10歳のときに亡くなりました。彼らが何を考えていたかは知る術もありません。

巨人のように成長し、コンピュータの中で一人歩きを始めた「資本主義」を、誰も止めることはできません。ただ、栄一は最後まで「合本主義」という言葉を使い、細やかな抵抗を試みてきました。敬三は資本主義の怖さを意識し、民俗学に傾注しながら、日銀総裁や大蔵大臣という資本主義の只中を歩み、戦後経済の立て直しと財閥解体の重責を全うしました。

そして今、地球はギリギリの局面を迎えています。地球という身体が、人類の欲望という意思を支えきれなくなっている状態です。栄一は資本主義の暴走を「論語」という倫理で抑えようとしました。敬三は「民俗学」の中に、平等な社会をつくるヒントを見出そうと努めました。

しかし今日、地球のキャパシティには限界があるという現実を、多くの人類は見ないようにしています。人々は何となく昨日の続きが明日だと思いたいし、答えのない将来を思い描きたくはありません。メタバースのような仮想空間もこれから発展していくでしょうが、そこには肉体を持つ人類を養い得るものは何もないと思えます。

私は、その現状を打ち破るには、「新しい生き方」を目指す人材の育成と、里山資本主義に代表される「新しい経済」を示すしかないと思うようになりました。自分を突き動かし、自分が何者かを教えてくれたのは、「地球・自然・森への危機感」です。これは自分は地球環境の一部なのだと、これまでの経験を通して得た実感であり、直観に他なりません。その危機感がこの本として結実し、私に時代を見てきた「語り部」としての居場所を与えてくれました。それこそ今の自分が、「何者か」と言うことのできる役割なのでしょう。

　この本を出版しようとお誘いいただき、編集者として導いていただいた出来幸介さん、構成とまとめをお手伝いいただいた岸澤美希さん、プロデューサーとして細部にまで目を配っていただいた中尾伊早子さんに心より感謝いたします。

　そして最後までお付き合いいただいた読者の皆様の心の中に、少しでも、何がしかの残り火ができれば、私にとっては無上の喜びです。

渋沢寿一

渋沢寿一（しぶさわ・じゅいち）

NPO法人「共存の森ネットワーク」理事長。農学博士。渋沢栄一の曾孫（栄一の三男・正雄の孫）。1952年生まれ。東京農業大学大学院博士課程修了。1980年、JICA専門家としてパラグアイ国立農業試験場に赴任。1983年から長崎オランダ村、ハウステンボスの役員として企画・経営に携わる。その後ベトナム、ミャンマー、エクアドルなどでマングローブ林の復元を通して地域社会の持続性を学ぶ。2002年からマタギ、炭焼き、樵など「森の名手・名人」の知恵を現代の高校生に繋ぐ活動「聞き書き甲子園」を主催し、その活動母体として2007年NPO法人「共存の森ネットワーク」を設立（現理事長）。環境教育にも力を注ぎ、豊田市・トヨタ自動車・地域の未来支援センター共催の人材育成プログラム「豊森なりわい塾」実行委員長など、森林文化の教育・啓発を通して人材育成や地域づくりを手掛ける。岡山県真庭市では1998年から木質バイオマスを利用した地域づくりや文化の振興・人材の育成などに取り組み、全国的に有名になった「里山資本主義」の実現を目指している。

森《もり》と算盤《そろばん》

地《ち》球《きゅう》と資《し》本《ほん》主《しゅ》義《ぎ》の未《み》来《らい》地《ち》図《ず》

2024年6月1日　第1刷発行

著　者　渋沢寿一《しぶさわじゅいち》

発行者　佐藤　靖

発行所　大和《だいわ》書房

東京都文京区関口1-33-4

電話　03-3203-4511

カバーデザイン　新井大輔

カバーイラスト　亀山鶴子

本文デザイン　二ノ宮匡（nixinc）

グラフ・図版　マーリンクレイン

構成　岸澤美希

編集　出来幸介

校正　円水社

本文印刷　厚徳社

カバー印刷　歩プロセス

製本　小泉製本

ISBN978-4-479-79808-8

乱丁・落丁本はお取り替えいたします。

https://www.daiwashobo.co.jp